이것만 **알**면 **통**한다

한자능력검정시험

실전문제

4^급 · 4 Ⅱ

이것만 **알면 통**한다

한자능력검정시험
실전문제
4급·4급Ⅱ

초판 발행	2011년 12월 11일
초판 인쇄	2011년 12월 19일
발행인	이진곤
발행처	씨앤톡
편저	바른한자사용연구회
편집총괄	최춘성
편집	김아란
디자인	황미연, 이초희
마케팅	김지현, 조정수, 윤정애
관리부	고균석
등록일자	2003년 5월 22일
등록번호	제 313-2003-00192호
ISBN	978-89-6098-167-6 (13710)
주소	서울특별시 서대문구 연희동 220-26호 2층
홈페이지	www.seentalk.co.kr
전화	02-338-0092
팩스	02-338-0097

4급·4Ⅱ

시험안내

　　한자능력검정시험은 사단법인 한국어문회가 주관하고 한국한자능력검정회가 시행하는 한자능력측정시험입니다. 1992년 12월 19일 첫 시험을 시행한 이래 매년 4회의 시험을 실시하고 있습니다. 이 시험은 개인의 한자활용능력에 대한 객관적인 평가와 한자사용능력에 대한 실력배양, 우수한 인재양성을 목적으로 하는바 교육인적자원부에서 2001년부터 '국가공인 자격증'으로 인증을 받아 그 신뢰도를 더욱 공고히 하게 되었습니다.

　　한자능력검정시험은 8급에서 4급까지는 교육급수로 하고, 3급Ⅱ에서 1급까지는 공인급수로 구분하며, 일반적으로 초등학생은 4급, 중·고등학생은 3급, 대학생은 2급과 1급 취득에 목표를 두고 학습하길 권하고 있습니다.

 **합격자 우대사항**

- 자격기본법 제27조에 의거 국가자격 취득자와 동등한 대우 및 혜택을 받습니다.
- 육군간부 승진 고과에 반영됩니다.(대위-대령/군무원 2급-5급 : 3급 이상, 준·부사관/군무원 6급-8급 : 4급 이상)
- 경제5단체, 신입사원 채용 때 전국한자능력검정시험 응시 권고(3급 응시요건, 3급 이상 가산점)하고 있습니다.
- 2005학년도 대학수학능력시험부터 '漢文'이 선택과목으로 채택되었습니다.
- 경기도 교육청 유치원, 초등학교, 특수학교(유치원, 초등) 교사 임용시험 가산점 반영하고 있습니다.

🖋 문제유형

독음(讀音)	한자의 소리를 묻는 문제입니다. 독음은 두음법칙, 속음현상, 장단음과도 관련이 있습니다.
훈음(訓音)	한자의 뜻과 소리를 동시에 묻는 문제입니다. 특히 대표 훈음을 익히시기 바랍니다.
한자(漢字) 쓰기	제시된 뜻, 소리, 단어 등에 해당하는 한자를 쓸 수 있는가를 확인하는 문제입니다.
부수(部首)	한자의 부수를 묻는 문제입니다. 부수는 한자의 뜻을 짐작할 수 있는 중요한 부분입니다.
필순(筆順)	한 획 한 획의 쓰는 순서를 알고 있는가를 묻는 문제입니다. 글자를 바르게 쓰기 위해 필요합니다.
장단음(長短音)	한자 단어의 첫소리 발음이 길고 짧음을 구분하고 있는가를 묻는 문제입니다. 4급 이상에서만 출제됩니다.
반의어(反義語/反意語), 상대어(相對語)	어떤 글자(단어)와 반대 또는 상대되는 글자(단어)를 알고 있는가를 묻는 문제입니다.
동의어(同義語/同意語), 유의어(類義語)	어떤 글자(단어)와 뜻이 같거나 유사한 글자(단어)를 알고 있는가를 묻는 문제입니다.
동음이의어(同音異義語)	소리는 같고, 뜻은 다른 단어를 알고 있는가를 묻는 문제입니다.
뜻풀이	고사성어나 단어의 뜻을 제대로 알고 있는가를 묻는 문제입니다.
약자(略字)	한자의 획을 줄여서 만든 略字를 알고 있는가를 묻는 문제입니다.
완성형(完成型)	고사성어나 단어의 빈칸을 채우도록 하여 단어와 고사성어의 이해력 및 조어력을 묻는 문제입니다.
한문(漢文)	한문 문장을 제시하고, 뜻풀이, 독음, 문장의 이해, 한문법의 이해 등을 측정하는 문제입니다.

 ## 합격기준

구분	1급	2급, 3급, 3급Ⅱ	4급, 4급Ⅱ, 5급, 5급Ⅱ	6급	6급Ⅱ	7급	7급Ⅱ	8급
출제문항	200	150	100	90	80	70	60	50
합격문항	160	105	70	63	56	49	42	35

 ## 출제기준

구분	1급	2급	3급	3급Ⅱ	4급	4급Ⅱ	5급	5급Ⅱ	6급	6급Ⅱ	7급	7급Ⅱ	8급
독음	50	45	45	45	32	35	35	35	33	32	32	22	24
한자쓰기	40	30	30	30	20	20	20	20	20	10	0	0	0
훈음	32	27	27	27	22	22	23	23	22	29	30	30	24
완성형	15	10	10	10	5	5	4	4	3	2	2	2	0
반의어	10	10	10	10	3	3	3	3	3	2	2	2	0
뜻풀이	10	5	5	5	3	3	3	3	2	2	2	2	0
동음이의어	10	5	5	5	3	3	3	3	2	0	0	0	0
부수	10	5	5	5	3	3	0	0	0	0	0	0	0
동의어	10	5	5	5	3	3	3	3	2	0	0	0	0
장단음	10	5	5	5	3	0	0	0	0	0	0	0	0
약자	3	3	3	3	3	3	3	3	0	0	0	0	0
필순	0	0	0	0	0	0	3	3	3	3	2	2	2
출제문항	200	150	150	150	100	100	100	100	90	80	70	60	50

 # 급수배정

급수	읽기	쓰기	수준 및 특성
1급	3,500	2,005	국한혼용 고전을 불편 없이 읽고, 공부할 수 있는 수준
2급	2,355	1,817	일상 한자어를 구사할 수 있는 수준
3급	1,817	1,000	신문 또는 교양서를 읽을 수 있는 수준
3급II	1,500	750	4급과 3급의 격차를 해소하기 위한 급수
4급	1,000	500	초급에서 중급으로 올라가는 급수
4급II	750	400	5급과 4급의 격차를 해소하기 위한 급수
5급	500	300	학습용 한자 쓰기를 시작하는 급수
5급II	400	225	중급 상용한자 활용의 초급 단계
6급	300	150	기초 한자 쓰기를 시작하는 급수
6급II	225	50	한자 쓰기를 시작하는 첫 급수
7급	150	–	한자 공부를 처음 시작하는 분을 위한 초급 단계
7급II	100	–	기초 상용한자 활용의 초급 단계
8급	50	–	미취학생 또는 초등학생의 학습 동기 부여를 위한 급수

차례

校 부木 10획 학교교:	教 부攵(攴) 11획 가르칠교:	九 부乙 2획 아홉구	國 부囗 11획 나라국	軍 부車 9획 군사군
金 부金 8획 쇠금/성(姓)김	南 부十 9획 남녘남	女 부女 3획 계집녀	年 부干 6획 해년	大 부大 3획 큰대(:)
東 부木 8획 동녘동	六 부八 4획 여섯륙	萬 부艹(艸) 13획 일만만:	母 부毋 5획 어미모:	木 부木 4획 나무목
門 부門 8획 문문	民 부氏 5획 백성민	白 부白 5획 흰백	父 부父 4획 아비부	北 부匕 5획 북녘북/달아날배
四 부囗 5획 넉사:	山 부山 3획 메산	三 부一 3획 석삼	生 부生 5획 날생	西 부襾 6획 서녘서
先 부儿 6획 먼저선	小 부小 3획 작을소:	水 부水 4획 물수	室 부宀 9획 집실	十 부十 2획 열십
五 부二 4획 다섯오:	王 부王(玉) 4획 임금왕	外 부夕 5획 바깥외:	月 부月 4획 달월	二 부二 2획 두이:
人 부人 2획 사람인	一 부一 1획 한일	日 부日 4획 날일	長 부長 8획 긴장(:)	弟 부弓 7획 아우제:
中 부丨 4획 가운데중	靑 부靑 8획 푸를청	寸 부寸 3획 마디촌:	七 부一 2획 일곱칠	土 부土 3획 흙토
八 부八 2획 여덟팔	學 부子 16획 배울학	韓 부韋 17획 한국·나라한(:)	兄 부儿 5획 형형	火 부火 4획 불화(:)

家 부수宀 10획	間 부수門 12획	江 부수氵(水) 6획	車 부수車 7획	工 부수工 3획
집 가	사이 간(:)	강 강	수레 거·차	장인 공

空 부수穴 8획	記 부수言 10획	氣 부수气 10획	男 부수田 7획	內 부수入 4획
빌 공	기록할 기	기운 기	사내 남	안 내:

農 부수辰 13획	答 부수竹 12획	道 부수辶(辵) 13획	動 부수力 11획	力 부수力 2획
농사 농	대답 답	길 도:	움직일 동:	힘 력

立 부수立 5획	每 부수毋 7획	名 부수口 6획	物 부수牛 8획	方 부수方 4획
설 립	매양 매(:)	이름 명	물건 물	모 방

不 부수一 4획	事 부수亅 8획	上 부수一 3획	姓 부수女 8획	世 부수一 5획
아닐 불·부	일 사:	윗 상:	성 성:	인간 세:

手 부수手 4획	市 부수巾 5획	時 부수日 10획	食 부수食 9획	安 부수宀 6획
손 수(:)	저자 시:	때 시	밥·먹을 식	편안 안

午 부수十 4획	右 부수口 5획	子 부수子 3획	自 부수自 6획	場 부수土 12획
낮 오:	오를·오른(쪽) 우:	아들 자	스스로 자	마당 장

全 부수入 6획	前 부수刂(刀) 9획	電 부수雨 13획	正 부수止 5획	足 부수足 7획
온전 전	앞 전	번개 전:	바를 정(:)	발 족

左 부수工 5획	直 부수目 8획	平 부수干 5획	下 부수一 3획	漢 부수氵(水) 9획
왼 좌:	곧을 직	평평할 평	아래 하:	한수·한나라 한:

海 부수氵(水) 10획	話 부수言 13획	活 부수氵(水) 9획	孝 부수子 7획	後 부수彳 9획
바다 해:	말씀 화	살 활	효도 효:	뒤 후:

한자	부수	획수	훈음
歌	欠	14획	노래 가
口	口	3획	입 구(:)
旗	方	14획	기 기
冬	冫	5획	겨울 동(:)
洞	氵(水)	9획	골 동/밝을 통:
同	口	6획	한가지 동
登	癶	12획	오를 등
來	人	8획	올 래(:)
老	老	6획	늙을 로:
里	里	7획	마을 리:
林	木	8획	수풀 림
面	面	9획	낯 면:
命	口	8획	목숨 명:
文	文	4획	글월 문
問	口	11획	물을 문:
百	白	6획	일백 백
夫	大	4획	지아비 부
算	竹	14획	셈 산:
色	色	6획	빛 색
夕	夕	3획	저녁 석
少	小	4획	적을 소:
所	戶	8획	바 소:
數	攵(攴)	15획	셈 수:
植	木	12획	심을 식
心	心	4획	마음 심
語	言	14획	말씀 어:
然	灬(火)	15획	그럴 연
有	月	6획	있을 유:
育	月(肉)	8획	기를 육
邑	邑	7획	고을 읍
入	入	2획	들 입
字	子	6획	글자 자
祖	示	10획	할아비 조
主	丶	5획	임금·주인 주
住	亻(人)	7획	살 주:
重	里	9획	무거울 중:
地	土	6획	따 지
紙	糸	10획	종이 지
千	十	3획	일천 천
川	巛(川)	3획	내 천
天	大	4획	하늘 천
草	艹	10획	풀 초
村	木	7획	마을 촌:
秋	禾	9획	가을 추
春	日	9획	봄 춘
出	山	5획	날 출
便	亻(人)	9획	편할 편(:)/똥오줌 변
夏	夊	10획	여름 하:
花	艹	6획	꽃 화
休	亻(人)	6획	쉴 휴

各 부수口 6획 각각 **각**	角 부수角 7획 뿔 **각**	界 부수田 9획 지경 **계:**	計 부수言 9획 셀 **계:**	高 부수高 10획 높을 **고**
共 부수八 6획 한가지 **공:**	公 부수八 4획 공평할 **공**	功 부수力 5획 공 **공**	果 부수木 8획 실과 **과:**	科 부수禾 9획 과목 **과**
光 부수儿 6획 빛 **광**	球 부수王(玉) 11획 공 **구**	今 부수人 4획 이제 **금**	急 부수心 9획 급할 **급**	短 부수矢 12획 짧을 **단(:)**
堂 부수土 11획 집 **당**	代 부수亻(人) 5획 대신할 **대:**	對 부수寸 14획 대할 **대:**	圖 부수口 14획 그림 **도**	讀 부수言 22획 읽을 **독**/구절 **두**
童 부수立 12획 아이 **동(:)**	等 부수竹 12획 무리 **등:**	樂 부수木 15획 즐길 **락**/노래 **악**/좋아할 **요**	利 부수刂(刀) 7획 이할 **리:**	理 부수王(玉) 11획 다스릴 **리:**
明 부수日 8획 밝을 **명**	聞 부수耳 14획 들을 **문(:)**	反 부수又 4획 돌이킬·돌아올 **반:**	半 부수十 5획 반 **반:**	班 부수王(玉) 10획 나눌 **반**
發 부수癶 12획 필 **발**	放 부수攵(攴) 8획 놓을 **방(:)**	部 부수阝(邑) 10획 떼 **부**	分 부수刀 4획 나눌 **분(:)**	社 부수示 8획 모일 **사**
書 부수日 10획 글 **서**	線 부수糸 15획 줄 **선**	雪 부수雨 11획 눈 **설**	成 부수戈 7획 이룰 **성**	省 부수目 9획 살필 **성**/덜 **생**
消 부수氵(水) 10획 사라질 **소**	術 부수行 11획 재주 **술**	始 부수女 8획 비로소 **시:**	神 부수示 10획 귀신 **신**	信 부수亻(人) 9획 믿을 **신:**
新 부수斤 13획 새 **신**	身 부수身 7획 몸 **신**	弱 부수弓 10획 약할 **약**	藥 부수艹(艸) 19획 약 **약**	業 부수木 13획 업 **업**

用 부수 用 5획 쓸 용:	勇 부수 力 9획 날랠 용:	運 부수 辶(辵) 13획 옮길 운:	音 부수 音 9획 소리 음	飮 부수 食 13획 마실 음(:)
意 부수 心 13획 뜻 의:	作 부수 亻(人) 7획 지을 작	昨 부수 日 9획 어제 작	才 부수 扌(手) 3획 재주 재	戰 부수 戈 16획 싸움 전:
庭 부수 广 10획 뜰 정	第 부수 竹 11획 차례 제:	題 부수 頁 18획 제목 제	注 부수 氵(水) 8획 부을 주:	集 부수 隹 12획 모을 집
窓 부수 穴 11획 창 창	淸 부수 氵(水) 11획 맑을 청	體 부수 骨 23획 몸 체	表 부수 衣 8획 겉 표	風 부수 風 9획 바람 풍
幸 부수 干 8획 다행 행:	現 부수 王(玉) 14획 나타날 현:	形 부수 彡 7획 모양 형	和 부수 口 8획 화할 화	會 부수 日 13획 모일 회:

한자	부수 / 획수	훈음
感	부 心 13획	느낄 감:
強	부 弓 11획	강할 강(:)
開	부 門 12획	열 개
京	부 亠 8획	서울 경
古	부 口 5획	예 고:
苦	부 艹(艸) 9획	쓸 고
交	부 亠 6획	사귈 교
區	부 匚 11획	구분할·지경 구
郡	부 阝(邑) 10획	고을 군:
近	부 辶(辵) 8획	가까울 근:
根	부 木 10획	뿌리 근
級	부 糸 10획	등급 급
多	부 夕 6획	많을 다
待	부 彳 9획	기다릴 대:
度	부 广 9획	법도 도(:)/헤아릴 탁
頭	부 頁 16획	머리 두
例	부 亻(人) 8획	법식 례:
禮	부 示 18획	예도 례:
路	부 足 13획	길 로:
綠	부 糸 14획	푸를 록
李	부 木 7획	오얏·성(姓) 리:
目	부 目 5획	눈 목
米	부 米 6획	쌀 미
美	부 羊 9획	아름다울 미(:)
朴	부 木 6획	성(姓) 박
番	부 田 12획	차례 번
別	부 刂(刀) 7획	다를·나눌 별
病	부 疒 10획	병 병:
服	부 月 8획	옷 복
本	부 木 5획	근본 본
使	부 亻(人) 8획	하여금·부릴 사:
死	부 歹 6획	죽을 사:
席	부 巾 10획	자리 석
石	부 石 5획	돌 석
速	부 辶(辵) 11획	빠를 속
孫	부 子 10획	손자 손(:)
樹	부 木 16획	나무 수
習	부 羽 11획	익힐 습
勝	부 力 12획	이길 승
式	부 弋 6획	법 식
失	부 大 5획	잃을 실
愛	부 心 13획	사랑 애(:)
夜	부 夕 8획	밤 야:
野	부 里 11획	들 야:
陽	부 阝(阜) 12획	볕 양
洋	부 氵(水) 9획	큰바다 양
言	부 言 7획	말씀 언
永	부 水 5획	길 영:
英	부 艹(艸) 9획	꽃부리 영
溫	부 氵(水) 13획	따뜻할 온

한자	부수	획수	훈음
園	부수 囗	13획	동산 원
遠	부수 辶(辵)	14획	멀 원:
由	부수 田	5획	말미암을 유
油	부수 氵(水)	8획	기름 유
銀	부수 金	14획	은 은
衣	부수 衣	6획	옷 의
醫	부수 酉	18획	의원 의
者	부수 耂(老)	9획	놈 자
章	부수 立	11획	글 장
在	부수 土	6획	있을 재:
定	부수 宀	8획	정할 정:
朝	부수 月	12획	아침 조
族	부수 方	11획	겨레 족
晝	부수 日	11획	낮 주
親	부수 見	16획	친할 친
太	부수 大	4획	클 태
通	부수 辶(辵)	11획	통할 통
特	부수 牛	10획	특별할 특
合	부수 口	6획	합할 합
行	부수 行	6획	다닐 행(:)/항렬 항
向	부수 口	6획	향할 향:
號	부수 虍	13획	이름 호(:)
畵	부수 田	12획	그림 화:/그을 획
黃	부수 黃	12획	누를 황
訓	부수 言	10획	가르칠 훈:

價 부수 亻(人) 15획	客 부수 宀 9획	格 부수 木 10획	見 부수 見 7획	決 부수 氵(水) 7획
값 가	손 객	격식 격	볼 견: / 뵈올 현:	결단할 결
結 부수 糸 12획	敬 부수 攵(攴) 13획	告 부수 口 7획	課 부수 言 15획	過 부수 辶(辵) 13획
맺을 결	공경 경:	고할 고:	공부할·과정 과(:)	지날 과:
關 부수 門 19획	觀 부수 見 25획	廣 부수 广 15획	具 부수 八 8획	舊 부수 臼 18획
관계할 관	볼 관	넓을 광:	갖출 구(:)	예 구
局 부수 尸 7획	基 부수 土 11획	己 부수 己 3획	念 부수 心 8획	能 부수 月(肉) 10획
판 국	터 기	몸 기	생각 념:	능할 능
團 부수 囗 14획	當 부수 田 13획	德 부수 彳 15획	到 부수 刂(刀) 8획	獨 부수 犭(犬) 16획
둥글 단	마땅 당	큰 덕	이를 도:	홀로 독
朗 부수 月 11획	良 부수 艮 7획	旅 부수 方 10획	歷 부수 止 16획	練 부수 糸 15획
밝을 랑:	어질 량	나그네 려	지날 력	익힐 련:
勞 부수 力 12획	流 부수 氵(水) 10획	類 부수 頁 19획	陸 부수 阝(阜) 11획	望 부수 月 11획
일할 로	흐를 류	무리 류(:)	뭍 륙	바랄 망:
法 부수 氵(水) 8획	變 부수 言 23획	兵 부수 八 7획	福 부수 示 14획	奉 부수 大 8획
법 법	변할 변:	병사 병	복 복	받들 봉:
士 부수 士 3획	仕 부수 亻(人) 5획	史 부수 口 5획	産 부수 生 11획	商 부수 口 11획
선비 사:	섬길 사(:)	사기 사:	낳을 산:	장사 상
相 부수 目 9획	仙 부수 亻(人) 5획	鮮 부수 魚 17획	說 부수 言 14획	性 부수 忄(心) 8획
서로 상	신선 선	고울 선	말씀 설/달랠 세:	성품 성:

洗 부수氵(水) 9획	歲 부수止 13획	束 부수木 7획	首 부수首 9획	宿 부수宀 11획
씻을 세:	해 세:	묶을 속	머리 수	잘 숙/별자리 수:
順 부수頁 12획	識 부수言 19획	臣 부수臣 6획	實 부수宀 14획	兒 부수儿 8획
순할 순:	알 식/기록할 지	신하 신	열매 실	아이 아
惡 부수心 12획	約 부수糸 9획	養 부수食 15획	要 부수襾 9획	友 부수又 4획
악할 악/미워할 오	맺을 약	기를 양:	요긴할 요(:)	벗 우:
雨 부수雨 8획	雲 부수雨 12획	元 부수儿 4획	偉 부수亻(人) 11획	以 부수人 5획
비 우:	구름 운	으뜸 원	클 위	써 이:
任 부수亻(人) 6획	材 부수木 7획	財 부수貝 10획	的 부수白 8획	傳 부수亻(人) 13획
맡길 임(:)	재목 재	재물 재	과녁 적	전할 전
典 부수八 8획	展 부수尸 10획	切 부수刀 4획	節 부수竹 15획	店 부수广 8획
법 전:	펼 전:	끊을 절/온통 체	마디 절	가게 점:
情 부수忄(心) 11획	調 부수言 15획	卒 부수十 8획	種 부수禾 14획	週 부수辶(辵) 12획
뜻 정	고를 조	마칠 졸	씨 종(:)	주일 주
州 부수川(巛) 6획	知 부수矢 8획	質 부수貝 15획	着 부수目 12획	參 부수厶 11획
고을 주	알 지	바탕 질	붙을 착	참여할 참/석 삼
責 부수貝 11획	充 부수儿 6획	宅 부수宀 6획	品 부수口 9획	必 부수心 5획
꾸짖을 책	채울 충	집 택·댁	물건 품:	반드시 필
筆 부수竹 12획	害 부수宀 10획	化 부수匕 4획	效 부수攵(攴) 10획	凶 부수凵 4획
붓 필	해할 해:	될 화(:)	본받을 효:	흉할 흉

加 부수力 5획	可 부수口 5획	改 부수攵(攴) 7획	去 부수厶 5획	擧 부수手 18획
더할 가	옳을 가:	고칠 개(:)	갈 거:	들 거:
件 부수亻(人) 6획	建 부수廴 9획	健 부수亻(人) 11획	景 부수日 12획	輕 부수車 14획
물건 건	세울 건:	굳셀 건:	볕 경(:)	가벼울 경
競 부수立 20획	固 부수口 8획	考 부수耂(老) 6획	曲 부수日 6획	橋 부수木 16획
다툴 경:	굳을 고(:)	생각할 고(:)	굽을 곡	다리 교
救 부수攵(攴) 11획	貴 부수貝 12획	規 부수見 11획	給 부수糸 12획	期 부수月 12획
구원할 구:	귀할 귀:	법 규	줄 급	기약할 기
技 부수扌(手) 7획	汽 부수氵(水) 7획	吉 부수口 6획	壇 부수土 16획	談 부수言 15획
재주 기	물끓는김 기	길할 길	단 단	말씀 담
島 부수山 10획	都 부수阝(邑) 12획	落 부수艹(艸) 13획	冷 부수冫 7획	量 부수里 12획
섬 도	도읍 도	떨어질 락	찰 랭:	헤아릴 량
令 부수人 5획	領 부수頁 14획	料 부수斗 10획	馬 부수馬 10획	末 부수木 5획
하여금 령(:)	거느릴 령	헤아릴 료(:)	말 마:	끝 말
亡 부수亠 3획	買 부수貝 12획	賣 부수貝 15획	無 부수灬(火) 12획	倍 부수亻(人) 10획
망할 망	살 매:	팔 매(:)	없을 무	곱 배(:)
比 부수比 4획	費 부수貝 12획	鼻 부수鼻 14획	氷 부수水 5획	寫 부수宀 15획
견줄 비:	쓸 비:	코 비:	얼음 빙	베낄 사
思 부수心 9획	査 부수木 9획	賞 부수貝 15획	序 부수广 7획	善 부수口 12획
생각 사(:)	조사할 사	상줄 상	차례 서:	착할 선:

한자	부수	획수	훈·음
選	辶(辵)	16획	가릴 선:
船	舟	11획	배 선
示	示	5획	보일 시:
案	木	10획	책상 안:
魚	魚	11획	고기·물고기 어
漁	氵(水)	14획	고기 잡을 어
億	亻(人)	15획	억 억
熱	灬(火)	15획	더울 열
葉	艹(艸)	13획	잎 엽
屋	尸	9획	집 옥
完	宀	7획	완전할 완
曜	日	18획	빛날 요:
浴	氵(水)	10획	목욕할 욕
牛	牛	4획	소 우
雄	佳	12획	수컷 웅
院	阝(阜)	10획	집 원
原	厂	10획	언덕 원
願	頁	19획	원할 원:
位	亻(人)	7획	자리 위
耳	耳	6획	귀 이:
因	囗	6획	인할 인
再	冂	6획	두 재:
災	火	7획	재앙 재
爭	爪	8획	다툴 쟁
貯	貝	12획	쌓을 저:
赤	赤	7획	붉을 적
停	亻(人)	11획	머무를 정
操	扌(手)	16획	잡을 조(:)
終	糸	11획	마칠 종
罪	罒(网)	13획	허물 죄:
止	止	4획	그칠 지
唱	口	11획	부를 창:
鐵	金	21획	쇠 철
初	刀	7획	처음 초
最	日	12획	가장 최:
祝	示	10획	빌 축
致	至	10획	이를 치:
則	刂(刀)	9획	법칙 칙/곧 즉
他	亻(人)	5획	다를 타
打	扌(手)	5획	칠 타
卓	十	8획	높을 탁
炭	火	9획	숯 탄
板	木	8획	널 판
敗	攵(攴)	11획	패할 패:
河	氵(水)	8획	물 하
寒	宀	12획	찰 한
許	言	11획	허락할 허
湖	氵(水)	12획	호수 호
患	心	11획	근심 환
黑	黑	12획	검을 흑

假 부수 亻(人) 11획 거짓 가:	街 부수 行 12획 거리 가(:)	減 부수 氵(水) 12획 덜 감:	監 부수 皿 14획 볼 감	康 부수 广 11획 편안 강
講 부수 言 17획 욀 강:	個 부수 亻(人) 10획 낱 개(:)	檢 부수 木 17획 검사할 검:	缺 부수 缶 10획 이지러질 결	潔 부수 氵(水) 15획 깨끗할 결
經 부수 糸 13획 지날·글 경	境 부수 土 14획 지경 경	慶 부수 心 15획 경사 경	警 부수 言 20획 깨우칠 경:	係 부수 亻(人) 9획 맬 계:
故 부수 攵(攴) 9획 연고 고(:)	官 부수 宀 8획 벼슬 관	句 부수 口 5획 글귀 구	求 부수 水 7획 구할 구	究 부수 穴 7획 연구할 구
宮 부수 宀 10획 집 궁	權 부수 木 22획 권세 권	極 부수 木 13획 다할·극진할 극	禁 부수 示 13획 금할 금:	起 부수 走 10획 일어날 기
器 부수 口 16획 그릇 기	暖 부수 日 13획 따뜻할 난:	難 부수 隹 19획 어려울 난(:)	努 부수 力 7획 힘쓸 노	怒 부수 心 9획 성낼 노:
單 부수 口 12획 홑 단	端 부수 立 14획 끝 단	檀 부수 木 17획 박달나무 단	斷 부수 斤 18획 끊을 단:	達 부수 辶(辵) 13획 통달할 달
擔 부수 扌(手) 16획 멜 담	黨 부수 黑 20획 무리 당	帶 부수 巾 11획 띠 대(:)	隊 부수 阝(阜) 12획 무리 대	導 부수 寸 16획 인도할 도:
毒 부수 毋 8획 독 독	督 부수 目 13획 감독할 독	銅 부수 金 14획 구리 동	斗 부수 斗 4획 말 두	豆 부수 豆 7획 콩 두
得 부수 彳 11획 얻을 득	燈 부수 火 16획 등 등	羅 부수 罒(网) 19획 벌릴 라	兩 부수 入 8획 두 량:	麗 부수 鹿 19획 고울 려

連 부수辶(辵) 11획 이을 **련**	列 부수刂(刀) 6획 벌릴 **렬**	錄 부수金 16획 기록할 **록**	論 부수言 15획 논할 **론**	留 부수田 10획 머무를 **류**
律 부수彳 9획 법칙 **률**	滿 부수氵(水) 14획 찰 **만**(:)	脈 부수月(肉) 10획 줄기 **맥**	毛 부수毛 4획 터럭 **모**	牧 부수牛 8획 칠 **목**
武 부수止 8획 호반 **무**:	務 부수力 11획 힘쓸 **무**:	未 부수木 5획 아닐 **미**(:)	味 부수口 8획 맛 **미**:	密 부수宀 11획 빽빽할 **밀**
博 부수十 12획 넓을 **박**	防 부수阝(阜) 7획 막을 **방**	房 부수戶 8획 방 **방**	訪 부수言 11획 찾을 **방**:	背 부수月(肉) 9획 등 **배**:
拜 부수手 9획 절 **배**:	配 부수酉 10획 나눌·짝 **배**:	伐 부수亻(人) 6획 칠 **벌**	罰 부수罒(网) 14획 벌할 **벌**	壁 부수土 16획 벽 **벽**
邊 부수辶(辵) 19획 가 **변**	步 부수止 7획 걸음 **보**:	保 부수亻(人) 9획 지킬 **보**(:)	報 부수土 12획 갚을·알릴 **보**:	寶 부수宀 20획 보배 **보**:
復 부수彳 12획 회복할**복**/다시 **부**:	府 부수广 8획 마을·관청 **부**(:)	婦 부수女 11획 며느리 **부**	副 부수刂(刀) 11획 버금 **부**:	富 부수宀 12획 부자 **부**:
佛 부수亻(人) 7획 부처 **불**	非 부수非 8획 아닐 **비**(:)	飛 부수飛 9획 날 **비**	備 부수亻(人) 12획 갖출 **비**:	悲 부수心 12획 슬플 **비**:
貧 부수貝 11획 가난할 **빈**	寺 부수寸 6획 절 **사**	舍 부수舌 8획 집 **사**	師 부수巾 10획 스승 **사**	謝 부수言 17획 사례할 **사**:
殺 부수殳 11획 죽일 **살**/감할·빠를 **쇄**:	床 부수广 7획 상 **상**	狀 부수犬 8획 형상 **상**/문서 **장**:	常 부수巾 11획 떳떳할 **상**	想 부수心 13획 생각 **상**:

設 부首言 11획 베풀 설	星 부首日 9획 별 성	城 부首土 10획 재 성	盛 부首皿 12획 성할 성:	聖 부首耳 13획 성인 성:
誠 부首言 14획 정성 성	聲 부首耳 17획 소리 성	細 부首糸 11획 가늘 세:	稅 부首禾 12획 세금 세:	勢 부首力 13획 형세 세:
笑 부首竹 10획 웃음 소:	素 부首糸 10획 본디·흴 소(:)	掃 부首扌(手) 11획 쓸 소(:)	俗 부首亻(人) 9획 풍속 속	續 부首糸 21획 이을 속
送 부首辶(辵) 10획 보낼 송:	收 부首攵(攴) 6획 거둘 수	受 부首又 8획 받을 수(:)	修 부首亻(人) 10획 닦을 수	授 부首扌(手) 11획 줄 수
守 부首宀 6획 지킬 수	純 부首糸 10획 순수할 순	承 부首手 8획 이을 승	施 부首方 9획 베풀 시:	是 부首日 9획 이·옳을 시:
視 부首見 12획 볼 시:	詩 부首言 13획 시 시	試 부首言 13획 시험 시(:)	息 부首心 10획 쉴 식	申 부首田 5획 납 신
深 부首氵(水) 11획 깊을 심	眼 부首目 11획 눈 안:	暗 부首日 13획 어두울 암:	壓 부首土 17획 누를 압	液 부首氵(水) 11획 진 액
羊 부首羊 6획 양 양	如 부首女 6획 같을 여	餘 부首食 16획 남을 여	逆 부首辶(辵) 10획 거스를 역	研 부首石 11획 갈 연:
煙 부首火 13획 연기 연	演 부首氵(水) 14획 펼 연:	榮 부首木 14획 영화 영	藝 부首艹(艸) 19획 재주 예:	誤 부首言 14획 그르칠 오:
玉 부首玉 5획 구슬 옥	往 부首彳 8획 갈 왕:	謠 부首言 17획 노래 요	容 부首宀 10획 얼굴 용	員 부首口 10획 인원 원

圓 부口 13획 둥글 원
爲 부爪(爪) 12획 하·할 위(:)
衛 부行 15획 지킬 위
肉 부肉 6획 고기 육
恩 부心 10획 은혜 은
陰 부阝(阜) 11획 그늘 음
應 부心 17획 응할 응:
義 부羊 13획 옳을 의:
議 부言 20획 의논할 의(:)
移 부禾 11획 옮길 이
益 부皿 10획 더할 익
引 부弓 4획 끌 인
印 부卩 6획 도장 인
認 부言 14획 알 인
將 부寸 11획 장수 장(:)
障 부阝(阜) 14획 막을 장
低 부亻(人) 7획 낮을 저:
敵 부攵(攴) 15획 대적할 적
田 부田 5획 밭 전
絶 부糸 12획 끊을 절
接 부扌(手) 11획 이을 접
政 부攵(攴) 9획 정사 정
程 부禾 12획 한도·길 정
精 부米 14획 정할 정
制 부刂(刀) 8획 절제할 제:
除 부阝(阜) 10획 덜 제
祭 부示 11획 제사 제:
提 부扌(手) 12획 끌 제
製 부衣 14획 지을 제:
際 부阝(阜) 14획 즈음·가 제:
濟 부氵(水) 17획 건널 제:
早 부日 6획 이를 조:
助 부力 7획 도울 조:
造 부辶(辵) 11획 지을 조:
鳥 부鳥 11획 새 조
尊 부寸 12획 높을 존
宗 부宀 8획 마루 종
走 부走 7획 달릴 주
竹 부竹 6획 대 죽
準 부氵(水) 13획 준할 준:
衆 부血 12획 무리 중:
增 부土 15획 더할 증
支 부支 4획 지탱할 지
至 부至 6획 이를 지
志 부心 7획 뜻 지
指 부扌(手) 9획 가리킬 지
職 부耳 18획 직분 직
眞 부目 10획 참 진
進 부辶(辵) 12획 나아갈 진:
次 부欠 6획 버금 차

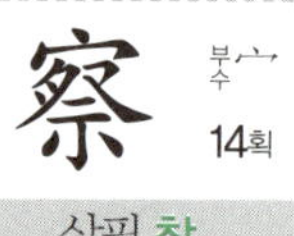

察 부수宀 14획 살필 찰	創 부수刂(刀) 12획 비롯할 창:	處 부수虍 11획 곳 처:	請 부수言 15획 청할 청	銃 부수金 14획 총 총
總 부수糸 17획 다 총:	蓄 부수艹(艸) 14획 모을 축	築 부수竹 16획 쌓을 축	忠 부수心 8획 충성 충	蟲 부수虫 18획 벌레 충
取 부수又 8획 가질 취:	測 부수氵(水) 12획 헤아릴 측	治 부수氵(水) 8획 다스릴 치	置 부수罒(网) 13획 둘 치:	齒 부수齒 15획 이 치
侵 부수亻(人) 9획 침노할 침	快 부수忄(心) 7획 쾌할 쾌	態 부수心 14획 모습 태:	統 부수糸 12획 거느릴 통:	退 부수辶(辵) 10획 물러날 퇴:
波 부수氵(水) 8획 물결 파	破 부수石 10획 깨뜨릴 파:	布 부수巾 5획 베·펼 포(:)/보시 보	包 부수勹 5획 쌀 포(:)	砲 부수石 10획 대포 포:
暴 부수日 15획 사나울 폭/모질 포:	票 부수示 11획 표 표	豊 부수豆 13획 풍년 풍	限 부수阝(阜) 9획 한할 한:	航 부수舟 10획 배 항:
港 부수氵(水) 12획 항구 항:	解 부수角 13획 풀 해:	香 부수香 9획 향기 향	鄕 부수阝(邑) 13획 시골 향	虛 부수虍 12획 빌 허
驗 부수馬 23획 시험 험:	賢 부수貝 15획 어질 현	血 부수血 6획 피 혈	協 부수十 8획 화할 협	惠 부수心 12획 은혜 혜:
戶 부수戶 4획 집 호:	好 부수女 6획 좋을 호:	呼 부수口 8획 부를 호	護 부수言 21획 도울 호:	貨 부수貝 11획 재물 화:
確 부수石 15획 굳을 확	回 부수口 6획 돌아올 회	吸 부수口 7획 마실 흡	興 부수臼 16획 일 흥(:)	希 부수巾 7획 바랄 희

한자	부수 / 획수	훈음
暇	부수 日 / 13획	틈·겨를 가:
刻	부수 刂(刀) / 8획	새길 각
覺	부수 見 / 20획	깨달을 각
干	부수 干 / 3획	방패 간
看	부수 目 / 9획	볼 간
簡	부수 竹 / 18획	대쪽·간략할 간(:)
甘	부수 甘 / 5획	달 감
敢	부수 攵(攴) / 12획	감히·구태여 감:
甲	부수 田 / 5획	갑옷 갑
降	부수 阝(阜) / 9획	내릴 강/항복할 항
巨	부수 工 / 5획	클 거:
拒	부수 扌(手) / 8획	막을 거:
居	부수 尸 / 8획	살 거
據	부수 扌(手) / 16획	근거 거
傑	부수 亻(人) / 12획	뛰어날 걸
儉	부수 亻(人) / 15획	검소할 검:
激	부수 氵(水) / 16획	격할 격
擊	부수 手 / 17획	칠 격
犬	부수 犬 / 4획	개 견
堅	부수 土 / 11획	굳을 견
更	부수 日 / 7획	고칠 경/다시 갱
傾	부수 亻(人) / 13획	기울 경
鏡	부수 金 / 19획	거울 경
驚	부수 馬 / 23획	놀랄 경
戒	부수 戈 / 7획	경계할 계:
系	부수 糸 / 7획	이어맬 계:
季	부수 子 / 8획	계절 계:
階	부수 阝(阜) / 12획	섬돌 계
繼	부수 糸 / 20획	이을 계:
鷄	부수 鳥 / 21획	닭 계
孤	부수 子 / 8획	외로울 고
庫	부수 广 / 10획	곳집 고
穀	부수 禾 / 15획	곡식 곡
困	부수 口 / 7획	곤할 곤:
骨	부수 骨 / 10획	뼈 골
孔	부수 子 / 4획	구멍 공:
攻	부수 攵(攴) / 7획	칠 공:
管	부수 竹 / 14획	대롱·주관할 관
鑛	부수 金 / 23획	쇳돌 광:
構	부수 木 / 14획	얽을 구
君	부수 口 / 7획	임금 군
群	부수 羊 / 13획	무리 군
屈	부수 尸 / 8획	굽힐 굴
窮	부수 穴 / 15획	다할·궁할 궁
券	부수 刀 / 8획	문서 권
卷	부수 卩 / 8획	책 권(:)
勸	부수 力 / 20획	권할 권:
歸	부수 止 / 18획	돌아갈 귀:
均	부수 土 / 7획	고를 균
劇	부수 刂(刀) / 15획	심할 극

筋 부竹 12획	勤 부力 13획	奇 부大 8획	紀 부糸 9획	寄 부宀 11획
힘줄 근	부지런할 근(:)	기특할 기	벼리 기	부칠 기
機 부木 16획	納 부糸 10획	段 부殳 9획	逃 부辶(辵) 10획	徒 부彳 10획
틀 기	들일 납	층계 단	도망할 도	무리 도
盜 부皿 12획	卵 부卩 7획	亂 부乙 13획	覽 부見 21획	略 부田 11획
도둑 도(:)	알 란:	어지러울 란:	볼 람	간략할·약할 략
糧 부米 18획	慮 부心 15획	烈 부灬(火) 10획	龍 부龍 16획	柳 부木 9획
양식 량	생각할 려:	매울 렬	용 룡	버들 류(:)
輪 부車 15획	離 부隹 19획	妹 부女 8획	勉 부力 9획	鳴 부鳥 14획
바퀴 륜	떠날 리:	누이 매	힘쓸 면:	울 명
模 부木 15획	妙 부女 7획	墓 부土 14획	舞 부舛 14획	拍 부扌(手) 8획
본뜰 모	묘할 묘:	무덤 묘:	춤출 무:	칠 박
髮 부髟 15획	妨 부女 7획	犯 부犭(犬) 5획	範 부竹 15획	辯 부辛 21획
터럭 발	방해할 방	범할 범:	법 범:	말씀 변:
普 부日 12획	伏 부亻(人) 6획	複 부衤(衣) 14획	否 부口 7획	負 부貝 9획
넓을 보:	엎드릴 복	겹칠 복	아닐 부:	질 부:
粉 부米 10획	憤 부忄(心) 15획	批 부扌(手) 7획	祕 부示 10획	碑 부石 13획
가루 분(:)	분할 분:	비평할 비:	숨길 비:	비석 비
私 부禾 7획	射 부寸 10획	絲 부糸 12획	辭 부辛 19획	散 부攵(攴) 12획
사사 사	쏠 사(:)	실 사	말씀 사	흩을 산

한자	부수	획수	훈음
象	豕	12획	코끼리 상
傷	亻(人)	13획	다칠 상
宣	宀	9획	베풀 선
舌	舌	6획	혀 설
屬	尸	21획	붙일 속
損	扌(手)	13획	덜 손:
松	木	8획	소나무 송
頌	頁	13획	기릴·칭송할 송:
秀	禾	7획	빼어날 수
叔	又	8획	아재비 숙
肅	聿	13획	엄숙할 숙
崇	山	11획	높을 숭
氏	氏	4획	각시·성씨 씨
額	頁	18획	이마 액
樣	木	15획	모양 양
嚴	口	20획	엄할 엄
與	臼	14획	더불·줄 여:
易	日	8획	바꿀 역/쉬울 이:
域	土	11획	지경 역
延	廴	7획	늘일 연
鉛	金	13획	납 연
緣	糸	15획	인연 연
燃	火	16획	탈 연
迎	辶(辵)	8획	맞을 영
映	日	9획	비칠 영(:)
營	火	17획	경영할 영
豫	豕	16획	미리 예:
郵	阝(邑)	11획	우편 우
遇	辶(辵)	13획	만날 우:
優	亻(人)	17획	넉넉할 우
怨	心	9획	원망할 원(:)
援	扌(手)	12획	도울 원:
源	氵(水)	13획	근원 원
危	卩(㔾)	6획	위태할 위
委	女	8획	맡길 위
威	女	9획	위엄 위
圍	口	12획	에워쌀 위
慰	心	15획	위로할 위
乳	乙	8획	젖 유
遊	辶(辵)	13획	놀 유
儒	亻(人)	16획	선비 유
遺	辶(辵)	16획	남길 유
隱	阝(阜)	17획	숨을 은
依	亻(人)	8획	의지할 의
疑	疋	14획	의심할 의
儀	亻(人)	15획	거동 의
異	田	11획	다를 이:
仁	亻(人)	4획	어질 인
姊	女	8획	손윗누이 자
姿	女	9획	모양 자:

한자	부수	획수	훈·음
資	貝	13획	재물 자
殘	歹	12획	남을 잔
雜	隹	18획	섞일 잡
壯	士	7획	장할 장:
張	弓	11획	베풀 장
帳	巾	11획	장막 장
裝	衣	13획	꾸밀 장
腸	月(肉)	13획	창자 장
獎	犬	15획	장려할 장(:)
底	广	8획	밑 저:
賊	貝	13획	도둑 적
適	辶(辵)	15획	맞을 적
積	禾	16획	쌓을 적
績	糸	17획	길쌈 적
籍	竹	20획	문서 적
專	寸	11획	오로지 전
錢	金	16획	돈 전:
轉	車	18획	구를 전:
折	扌(手)	7획	꺾을 절
點	黑	17획	점 점(:)
占	卜	5획	점령할 점:/점칠 점
丁	一	2획	고무래·장정 정
整	攵(攴)	16획	가지런할 정:
靜	靑	16획	고요할 정
帝	巾	9획	임금 제:
條	木	11획	가지 조
組	糸	11획	짤 조
潮	氵(水)	15획	밀물·조수 조
存	子	6획	있을 존
從	彳	11획	좇을 종(:)
鍾	金	17획	쇠북 종
座	广	10획	자리 좌:
朱	木	6획	붉을 주
周	口	8획	두루 주
酒	酉	10획	술 주(:)
證	言	19획	증거 증
持	扌(手)	9획	가질 지
智	日	12획	슬기·지혜 지
誌	言	14획	기록할 지
織	糸	18획	짤 직
珍	王(玉)	9획	보배 진
陣	阝(阜)	10획	진칠 진
盡	皿	14획	다할 진:
差	工	10획	다를 차
讚	言	26획	기릴 찬:
採	扌(手)	11획	캘 채:
冊	冂	5획	책 책
泉	水	9획	샘 천
聽	耳	22획	들을 청
廳	广	25획	관청 청

招 부수 扌(手) 8획	推 부수 扌(手) 11획	縮 부수 糸 17획	就 부수 尢 12획	趣 부수 走 15획
부를초	밀추	줄일축	나아갈취:	뜻취:
層 부수 尸 15획	針 부수 金 10획	寢 부수 宀 14획	稱 부수 禾 14획	歎 부수 欠 15획
층층	바늘침(:)	잘침(:)	일컬을칭	탄식할탄:
彈 부수 弓 15획	脫 부수 月(肉) 11획	探 부수 扌(手) 11획	擇 부수 扌(手) 16획	討 부수 言 10획
탄알탄:	벗을탈	찾을탐	가릴택	칠토(:)
痛 부수 疒 12획	投 부수 扌(手) 7획	鬪 부수 鬥 20획	派 부수 氵(水) 9획	判 부수 刂(刀) 7획
아플통:	던질투	싸움투	갈래파	판단할판
篇 부수 竹 15획	評 부수 言 12획	閉 부수 門 11획	胞 부수 月(肉) 9획	爆 부수 火 19획
책편	평할평:	닫을폐:	세포포(:)	불터질폭
標 부수 木 15획	疲 부수 疒 10획	避 부수 辶(辵) 17획	恨 부수 忄(心) 9획	閑 부수 門 12획
표할표	피곤할피	피할피:	한한:	한가할한
抗 부수 扌(手) 7획	核 부수 木 10획	憲 부수 心 16획	險 부수 阝(阜) 16획	革 부수 革 9획
겨룰항:	씨핵	법헌:	험할험:	가죽혁
顯 부수 頁 23획	刑 부수 刂(刀) 6획	或 부수 戈 8획	混 부수 氵(水) 11획	婚 부수 女 11획
나타날현:	형벌형	혹혹	섞을혼:	혼인할혼
紅 부수 糸 9획	華 부수 艹(艸) 12획	環 부수 玉 17획	歡 부수 欠 22획	況 부수 氵(水) 8획
붉을홍	빛날화	고리환(:)	기쁠환	상황황:
灰 부수 火 6획	厚 부수 厂 9획	候 부수 亻(人) 10획	揮 부수 扌(手) 12획	喜 부수 口 12획
재회	두터울후:	기후후:	휘두를휘	기쁠희

유형별 한자 학습

유의**자** | 類義字

반대자·**반**대어 | 反對字·反對語

동음이의어 | 同音異義語

약자·**속**자 | 略字·俗字

사자성어 | 四字成語

• 家 집 가	—	屋 집 옥		
• 歌 노래 가	—	謠 노래 요		
• 街 거리 가	—	道 길 도		
• 監 볼 감	—	視 볼 시		
• 監 볼 감	—	看 볼 간		
• 感 느낄 감	—	覺 깨달을 각		
• 減 덜 감	—	除 덜 제		
• 改 고칠 개	—	更 고칠 경 / 다시 갱		
• 巨 클 거	—	大 큰 대		
• 拒 막을 거	—	防 막을 방		
• 建 세울 건	—	立 설 립		
• 健 굳셀 건	—	剛 굳셀 강		
• 檢 검사할 검	—	査 조사할 사		
• 堅 굳을 견	—	固 굳을 고		
• 經 지날·글 경	—	過 지날 과		
• 經 지날·글 경	—	歷 지날 력		
• 警 경계할 경	—	戒 경계할 계		
• 境 지경 경	—	域 지경 역		
• 計 셀 계	—	算 셈 산		
• 繼 이을 계	—	接 이을 접		
• 繼 이을 계	—	承 이을 승		
• 階 섬돌 계	—	層 층 층		
• 階 섬돌 계	—	段 층계 단		
• 孤 외로울 고	—	獨 홀로 독		

• 考 생각할 고	—	慮 생각할 려
• 考 생각할 고	—	察 살필 찰
• 攻 칠 공	—	擊 칠 격
• 過 지날 과	—	誤 그르칠 오
• 觀 볼 관	—	察 살필 찰
• 觀 볼 관	—	覽 볼 람
• 口 입 구	—	舌 혀 설
• 區 구분할·지경 구	—	域 지경 역
• 君 임금 군	—	主 임금 주
• 群 무리 군	—	衆 무리 중
• 屈 굽힐 굴	—	曲 굽을 곡
• 窮 다할·궁할 궁	—	極 다할·극진할 극
• 勸 권할 권	—	獎 장려할 장
• 規 법 규	—	範 법 범
• 規 법 규	—	律 법칙 률
• 均 고를 균	—	等 무리 등
• 根 뿌리 근	—	本 근본 본
• 給 줄 급	—	與 더불·줄 여
• 寄 부칠 기	—	與 더불·줄 여
• 基 터 기	—	底 밑 저
• 記 기록할 기	—	錄 기록할 록
• 羅 벌릴 라	—	列 벌릴 렬
• 單 홑 단	—	獨 홀로 독
• 逃 달아날 도	—	亡 망할 망

- 逃 달아날 도 — 避 피할 피
- 盜 도둑 도 — 賊 도둑 적
- 連 이을 련 — 續 이을 속
- 門 문 문 — 戶 집 호
- 毛 터럭 모 — 髮 터럭 발
- 模 본뜰 모 — 範 법 범
- 背 등 배 — 後 뒤 후
- 法 법 법 — 律 법칙 률
- 法 법 법 — 式 법 식
- 變 변할 변 — 革 가죽 혁
- 保 지킬 보 — 守 지킬 수
- 批 비평할 비 — 評 평할 평
- 思 생각 사 — 想 생각 상
- 思 생각 사 — 慮 생각할 려
- 事 일 사 — 務 힘쓸 무
- 狀 형상 상/문서 장 — 態 모습 태
- 想 생각 상 — 念 생각 념
- 傷 다칠 상 — 害 해할 해
- 生 날 생 — 存 있을 존
- 書 글 서 — 冊 책 책
- 選 가릴 선 — 擇 가릴 택
- 宣 베풀 선 — 設 베풀 설
- 省 살필 성 — 察 살필 찰
- 損 덜 손 — 失 잃을 실
- 損 덜 손 — 除 덜 제
- 損 덜 손 — 傷 다칠 상

- 受 받을 수 — 納 들일 납
- 眼 눈 안 — 目 눈 목
- 業 업 업 — 務 힘쓸 무
- 研 갈 연 — 究 연구할 구
- 藝 재주 예 — 術 재주 술
- 溫 따뜻할 온 — 暖 따뜻할 난
- 恩 은혜 은 — 惠 은혜 혜
- 音 소리 음 — 聲 소리 성
- 利 이할 리 — 益 더할 익
- 認 알 인 — 識 알 식 / 기록할 지
- 貯 쌓을 저 — 蓄 쌓을 축
- 製 지을 제 — 作 지을 작
- 製 지을 제 — 造 지을 조
- 增 더할 증 — 加 더할 가
- 測 헤아릴 측 — 量 헤아릴 량
- 討 칠 토 — 伐 칠 벌
- 豊 풍년 풍 — 盛 성할 성
- 豊 풍년 풍 — 富 부자 부
- 疲 피곤할 피 — 困 곤할 곤
- 寒 찰 한 — 冷 찰 랭
- 行 다닐 행/항렬 항 — 爲 하·할 위
- 虛 빌 허 — 空 빌 공
- 確 굳을 확 — 固 굳을 고
- 休 쉴 휴 — 息 쉴 식
- 希 바랄 희 — 望 바랄 망

반대자

- 加 더할 가 ↔ 減 덜 감
- 可 옳을 가 ↔ 否 아닐 부
- 開 열 개 ↔ 閉 닫을 폐
- 京 서울 경 ↔ 鄉 시골 향
- 高 높을 고 ↔ 低 낮을 저
- 苦 쓸 고 ↔ 樂 즐길 락/노래 악/좋아할 요
- 攻 칠 공 ↔ 防 막을 방
- 攻 칠 공 ↔ 守 지킬 수
- 公 공평할 공 ↔ 私 사사 사
- 君 임금 군 ↔ 臣 신하 신
- 起 일어날 기 ↔ 伏 엎드릴 복
- 難 어려울 난 ↔ 易 쉬울 이 / 바꿀 역
- 男 사내 남 ↔ 女 계집 녀
- 動 움직일 동 ↔ 靜 고요할 정
- 得 얻을 득 ↔ 失 잃을 실
- 明 밝을 명 ↔ 暗 어두울 암
- 夫 지아비 부 ↔ 婦 며느리 부
- 貧 가난할 빈 ↔ 富 부자 부
- 賞 상줄 상 ↔ 罰 벌할 벌
- 生 날 생 ↔ 死 죽을 사
- 損 덜 손 ↔ 益 더할 익
- 授 줄 수 ↔ 受 받을 수
- 是 이·옳을 시 ↔ 非 아닐 비
- 勝 이길 승 ↔ 敗 패할 패
- 安 편안 안 ↔ 危 위태할 위

- 與 더불·줄 여 ↔ 野 들 야
- 逆 거스를 역 ↔ 順 순할 순
- 往 갈 왕 ↔ 來 올 래
- 陰 그늘 음 ↔ 陽 볕 양
- 將 장수 장 ↔ 兵 병사 병
- 將 장수 장 ↔ 卒 마칠 졸
- 存 있을 존 ↔ 亡 망할 망
- 增 더할 증 ↔ 減 덜 감
- 進 나아갈 진 ↔ 退 물러날 퇴
- 出 날 출 ↔ 納 들일 납
- 眞 참 진 ↔ 假 거짓 가
- 集 모을 집 ↔ 散 흩을 산
- 好 좋을 호 ↔ 惡 미워할 오 / 악할 악
- 興 일 흥 ↔ 亡 망할 망
- 歡 기쁠 환 ↔ 悲 슬플 비
- 喜 기쁠 희 ↔ 怒 성낼 노

반대어

- 명암 — 明暗(밝을 명, 어두울 암)
- 문답 — 問答(물을 문, 대답 답)
- 문무 — 文武(글월 문, 호반 무)
- 물심 — 物心(물건 물, 마음 심)
- 반상 — 班常(나눌 반, 떳떳할 상)
- 발착 — 發着(필 발, 붙을 착)

- 본말 – 本末(근본 본, 끝 말)
- 부부 – 夫婦(지아비 부, 며느리 부)
- 빈부 – 貧富(가난할 빈, 부자 부)
- 빙탄 – 氷炭(얼음 빙, 숯 탄)
- 사제 – 師弟(스승 사, 아우 제)
- 사활 – 死活(죽을 사, 살 활)
- 산천 – 山川(메 산, 내 천)
- 산하 – 山河(메 산, 물 하)
- 산해 – 山海(메 산, 바다 해)
- 상벌 – 賞罰(상줄 상, 벌할 벌)
- 상하 – 上下(윗 상, 아래 하)
- 생사 – 生死(날 생, 죽을 사)
- 선악 – 善惡(착할 선, 악할 악)
- 선후 – 先後(먼저 선, 뒤 후)
- 성패 – 成敗(이룰 성, 패할 패)
- 손익 – 損益(덜 손, 더할 익)
- 수수 – 授受(줄 수, 받을 수)
- 수족 – 手足(손 수, 발 족)
- 승패 – 勝敗(이길 승, 패할 패)
- 시종 – 始終(비로소 시, 마칠 종)
- 시비 – 是非(이·옳을 시, 아닐 비)
- 신구 – 新舊(새 신, 예 구)
- 심신 – 心身(마음 심, 몸 신)
- 안위 – 安危(편안 안, 위태할 위)
- 언행 – 言行(말씀 언, 다닐 행)
- 여야 – 與野(더불·줄 여, 들 야)
- 역순 – 逆順(거스를 역, 순할 순)
- 옥석 – 玉石(구슬 옥, 돌 석)
- 온냉 – 溫冷(따뜻할 온, 찰 랭)

- 왕래 – 往來(갈 왕, 올 래)
- 왕복 – 往復(갈 왕, 회복할 복)
- 원근 – 遠近(멀 원, 가까울 근)
- 유무 – 有無(있을 유, 없을 무)
- 육해 – 陸海(뭍 륙, 바다 해)
- 음양 – 陰陽(그늘 음, 볕 양)
- 이합 – 離合(떠날 리, 합할 합)
- 이해 – 利害(이할 리, 해할 해)
- 인과 – 因果(인할 인, 결과 과)
- 일월 – 日月(날 일, 달 월)
- 자매 – 姉妹(손윗누이 자, 누이 매)
- 자타 – 自他(스스로 자, 다를 타)
- 장단 – 長短(긴 장, 짧을 단)
- 장병 – 將兵(장수 장, 병사 병)
- 장졸 – 將卒(장수 장, 병사 졸)
- 전후 – 前後(앞 전, 뒤 후)
- 정오 – 正誤(바를 정, 그르칠 오)
- 조석 – 朝夕(아침 조, 저녁 석)
- 존망 – 存亡(있을 존, 망할 망)
- 좌우 – 左右(왼 좌, 오를·오른(쪽) 우)
- 주객 – 主客(임금·주인 주, 손 객)
- 주야 – 晝夜(낮 주, 밤 야)
- 주종 – 主從(주인 주, 좇을 종)
- 증감 – 增減(더할 증, 덜 감)

- 가계　家系　대대로 내려온 한 집안의 계통.
　　　　家計　한 집안 살림의 수입과 지출의 상태.
- 감사　感謝　고마움을 나타내는 인사.
　　　　監査　감독하고 검사함.
- 개량　改良　나쁜 점을 보완하여 좋게 고침.
　　　　改量　다시 측량함.
- 개정　改正　주로 문서의 내용 따위를 고쳐 바르게 함.
　　　　改定　이미 정하였던 것을 고쳐 다시 정함.
- 경계　境界　지역이 구분되는 한계.
　　　　警戒　뜻밖의 사고가 생기지 않도록 조심하여 단속함.
- 경기　景氣　매매나 거래에 나타나는 호황·불황 따위의 경제 활동 상태.
　　　　競技　일정한 규칙 아래 기량과 기술을 겨룸.
- 경로　敬老　노인을 공경함.
　　　　經路　지나는 길.
- 경비　經費　사업을 경영하거나 운영하는 데 필요한 비용.
　　　　警備　도난, 재난, 침략 따위를 염려하여 사고가 나지 않도록 미리 살피고 지키는 일.
- 고대　古代　옛 시대.
　　　　苦待　몹시 기다림.
- 공과　工科　대학에서 공업 생산에 필요한 과학 기술을 전공하는 학과.
　　　　公課　국가나 공공 단체가 국민에게 부과하는 금전상의 부담이나 육체적인 일.
- 공동　共同　두 사람 이상이 일을 같이 함.

　　　　空洞　아무것도 없이 텅 비어 있는 굴.
- 공로　公路　많은 사람과 차가 다니는 큰길.
　　　　功勞　노력과 수고.
- 공약　公約　어떤 일에 대해 국민에게 하는 약속.
　　　　空約　헛되게 약속함.
- 공해　公海　하늘처럼 끝이 없는 바다.
　　　　公害　사람이나 생물이 입게 되는 피해.
- 과거　科擧　옛날 관리를 뽑기 위하여 보던 시험.
　　　　過去　이미 지나간 때.
- 과실　果實　과일.
　　　　過失　잘못이나 허물.
- 과정　過程　일이 되어가는 경로.
　　　　課程　해야 할 일의 정도.
- 교정　校庭　학교의 마당이나 운동장.
　　　　校正　글자의 잘못된 것을 대조하여 바로잡음.
- 구조　救助　재난 따위를 당하여 어려운 처지에 빠진 사람을 구하여 줌.
　　　　構造　부분이나 요소가 결합하여 전체를 이루고 있는 짜임새.
- 구호　口號　요구나 주장 따위를 간결한 형식으로 표현한 문구.
　　　　救護　재해나 재난 따위로 어려움에 처한 사람을 도와 보호함.
- 귀중　貴中　편지 등을 보낼 때 받는 쪽의 이름 뒤에 쓰는 높임말.
　　　　貴重　매우 소중한 것.
- 극단　極端　한쪽으로 크게 치우침.

劇團 　연극을 전문으로 공연하는 단체.

• 급수 　級數 　기술의 우열에 따라 매기는 등급.
　　　 給水 　물을 대어 줌.

• 녹음 　綠陰 　푸른 잎이 우거진 나무나 수풀. 또는 그 나무의 그늘.
　　　 錄音 　테이프나 판 또는 영화 필름 따위에 소리를 기록함.

• 단정 　斷定 　분명한 태도로 결정함.
　　　 端整 　깔끔하고 가지런함.

• 독자 　獨子 　외아들.
　　　 讀者 　책, 신문 등 글을 읽는 사람.

• 동기 　同期 　같은 기간.
　　　 動機 　의사결정이나 어떤 행위의 직접적인 원인.

• 동심 　同心 　같은 마음.
　　　 童心 　어린 아이의 마음.

• 동지 　冬至 　이십사절기의 하나. 12월 22일 경.
　　　 同志 　목적이나 뜻이 서로 같은 것.

• 반감 　反感 　반대하거나 반항하는 감정.
　　　 半減 　절반으로 줆.

• 발전 　發展 　더 낫고 좋은 상태로 나아감.
　　　 發電 　전기를 일으킴.

• 방문 　房門 　방으로 드나드는 문.
　　　 訪問 　사람을 만나러 장소를 찾아가 만나 봄.

• 보고 　報告 　일에 관한 내용이나 결과를 말이나 글로 알림.
　　　 寶庫 　귀중품을 간수해 두는 창고.

• 보도 　步道 　보행자의 통행에 사용되는 길.
　　　 報道 　대중매체를 통해 새 소식을 널리 알리는 것.

• 부인 　否認 　인정하지 않는 것.
　　　 婦人 　결혼한 여자.

• 부자 　父子 　아버지와 아들.
　　　 富者 　돈이 많은 사람.

• 부정 　不正 　바르지 않은 것.
　　　 否定 　그렇지 않다고 하는 것.

• 비명 　非命 　재해나 사고 따위로 죽는 일.
　　　 悲鳴 　몹시 놀라거나 다급할 때 지르는 소리.

• 비행 　非行 　잘못되거나 그릇된 행위.
　　　 飛行 　공중으로 날아가거나 날아다님.

• 사경 　四經 　시경, 서경, 역경, 춘추의 네 경서.
　　　 死境 　죽음에 임박한 경지.

• 사고 　事故 　뜻밖에 일어난 불행한 일.
　　　 思考 　생각하고 궁리함.

• 사기 　士氣 　의욕이나 자신감 따위로 충만하여 굽힐 줄 모르는 기세.
　　　 史記 　역사적 사실들을 기록한 책.

• 사설 　私設 　개인이나 민간에서 설립함.
　　　 社說 　신문이나 잡지에서 그 사(社)의 주장으로 게재하는 논설.

• 사수 　死守 　목숨을 걸고 지킴.
　　　 射手 　총이나 활 따위를 쏘는 사람.

• 사신 　四神 　천지 사방을 다스리는 신.
　　　 使臣 　외국에 사절로 가는 신하.

• 사유 　私有 　개인의 소유.
　　　 事由 　일의 까닭.

• 사전 　事前 　어떤 일이 있기 전.
　　　 辭典 　낱말을 모아 일정한 순서로 배열하여 해설한 책.

- 사정 私情 개인의 사사로운 정.
  事情 일의 형편이나 까닭.
- 사지 私地 개인 소유의 땅.
  死地 살아날 길이 없는 매우 위험한 곳
- 상가 商家 물건을 사서 파는 집.
  商街 상점들이 죽 늘어서 있는 거리.
- 상품 商品 사고파는 물품.
  賞品 상으로 주는 물품.
- 선전 宣傳 잘 설명하여 널리 알리는 것.
  善戰 있는 힘을 다하여 잘 싸움.
- 성대 盛大 아주 성하고 큼.
  聲帶 소리를 내는 기관.
- 소화 消化 먹은 음식을 분해하는 것.
  消火 불을 태우거나 사름.
- 수도 首都 한 나라의 중앙 정부가 있는 도시.
  修道 도를 닦음.
- 수상 受賞 상을 받음.
  首相 내각의 우두머리.
- 수석 水石 물과 돌.
  首席 등급이나 직위에서 맨 윗자리.
- 수신 受信 우편이나 전보 따위의 통신을 받음.
  修身 악을 물리치고 선을 북돋아 마음과 행실을 바르게 수양함.
- 시가 市街 도시의 큰 길거리.
  詩歌 시와 노래.
- 시인 是認 옳다고 인정함.
  詩人 시를 전문적으로 짓는 사람.
- 시장 市長 시를 대표하는 책임자.
  市場 물건을 사고 파는 일정한 장소.

- 식수 食水 먹는 물.
  植樹 나무를 심음.
- 실례 失禮 언행이 예의에 벗어남.
  實例 실제의 예.
- 실수 失手 부주의로 잘못을 한 것.
  實數 추측이 아닌 실제로 확인된 수.
- 양식 糧食 생존을 위해 필요한 먹을 거리.
  樣式 일정한 모양이나 형식.
- 양호 良好 매우 좋음.
  養護 기르고 보호함.
- 역사 力士 뛰어나게 힘이 센 사람.
  歷史 인류 사회의 변천과 흥망의 과정 또는 기록.
- 연기 延期 정해진 기한을 뒤로 물림.
  演技 배우가 배역의 인물, 성격, 행동 따위를 표현해 내는 일.
  煙氣 불에 탈 때 생겨나는 기체.
- 연장 年長 서로 비교해 보아 나이가 많음.
  延長 시간이나 거리를 본래보다 늘림.
- 우수 雨水 24절기의 하나.
  입춘과 경칩 사이로 생물을 소생시키는 봄비가 내리기 시작.
  優秀 여럿 중에서 뛰어나고 빼어남.
- 육성 肉聲 사람의 입에서 직접 나온 소리.
  育成 길러 자라게 함.
- 이성 異姓 성(姓)이 다른 것.
  理性 개념적으로 사유하는 능력.
- 이해 利害 이익과 손해.
  理解 사리를 분별하여 해석함.

- 인도 人道 보도.
  引導 이끌어서 지도함.

- 인정 人情 남을 동정하는 따뜻한 마음.
  認定 확실히 그렇다고 여김.

- 일정 一定 바뀌는 것이 없이 한결같은 것.
  日程 그날에 해야 할 일.

- 자신 自身 자기.
  自信 자신의 능력을 믿는 것.

- 자제 子弟 남의 아들을 높여 부르는 말.
  自制 욕망 등을 스스로 억제함.

- 장관 壯觀 보기에 매우 훌륭한 경치.
  長官 정부 내의 행정 각부의 장.

- 재고 再考 다시 생각함.
  在庫 창고에 있음.

- 전경 全景 전체의 경치.
  前景 눈 앞에 펼쳐져 보이는 경치.

- 전공 專攻 전문적으로 연구함.
  戰功 전투에서 세운 공로.

- 전기 傳記 훌륭한 인물의 생애를 적은 기록.
  電氣 전자의 이동으로 생기는 에너지의 한 형태.

- 전력 前歷 과거의 경력.
  戰力 전쟁 등을 치르는 힘.

- 전문 全文 글의 전체.
  傳聞 오가는 사람을 통해 들음.

- 전시 展示 물품을 한곳에 펼쳐놓고 보임.
  戰時 전쟁이 벌어진 때.

- 전원 田園 논밭과 동산.
  全員 전체 인원.

- 정원 定員 정해진 인원.
  庭園 뜰.

- 조선 造船 배를 설계하여 만듦.
  朝鮮 우리나라의 옛 이름.

- 조화 造花 종이나 천 등으로 사람이 만든 가짜 꽃.
  調和 서로 잘 어울림.

- 주간 晝間 낮 동안.
  週間 한 주일 동안.

- 중지 中止 일을 중간에서 그만두는 것.
  中指 손의 가운데 손가락.

- 지도 地圖 어떤 지역을 일정한 축척에 따라 평면 위에 나타낸 그림.
  指導 어떤 목적에 따라 가르쳐 이끎.

- 지성 至誠 지극한 정성.
  知性 지혜로운 성품.

- 천재 天才 선천적으로 타고난 뛰어난 재주.
  天災 자연 현상으로 일어나는 재난.

- 초대 初代 어떤 계통에서 최초의 사람.
  招待 사람을 불러서 대접함.

- 최고 最古 가장 오래됨.
  最高 가장 높음.

- 통화 通貨 나라 안에서 통용되는 화폐의 총칭.
  通話 말을 서로 주고받음.

- 해독 解讀 풀이하여 읽음.
  解毒 독을 푸는 일.

- 호기 好期 좋은 시기.
  好機 좋은 기회.

假 거짓 가	仮	黨 무리 당	党
價 값 가	価	當 마땅 당	当
覺 깨달을 각	覚	對 대할 대	対
擧 들 거	挙, 舉	圖 그림 도	図
據 근거 거	拠	獨 홀로 독	独
儉 검소할 검	倹	讀 읽을 독 / 구절 두	読
檢 검사할 검	検	燈 등 등	灯
堅 굳을 견	堅	樂 즐길 락/노래 악/좋아할 요	楽
經 지날·글 경	経	亂 어지러울 란	乱
輕 가벼울 경	軽	覽 볼 람	覧
繼 이을 계	継	來 올 래	来
觀 볼 관	観, 观	兩 두 량	両
關 관계할 관	関	禮 예도 례	礼
廣 넓을 광	広	勞 일할 로	労
鑛 쇳돌 광	鉱	龍 용 룡	竜
舊 예 구	旧	萬 일만 만	万
區 구분할·지경 구	区	滿 찰 만	満
國 나라 국	国	賣 팔 매	売
勸 권할 권	劝, 勧	發 필 발	発
權 권세 권	权, 権	變 변할 변	変
歸 돌아갈 귀	帰	邊 가 변	辺, 边
氣 기운 기	気	寶 보배 보	宝
團 둥글 단	団	佛 부처 불	仏
單 홑 단	単	師 스승 사	师
斷 끊을 단	断	辭 말씀 사	辞
擔 멜 담	担	狀 형상 상 / 문서 장	状

聲 소리 성	声	裝 꾸밀 장	装
屬 붙일 속	属	將 장수 장	将
續 이을 속	続	壯 장할 장	壮
收 거둘 수	収	爭 다툴 쟁	争
數 셈 수	数	傳 전할 전	伝
肅 엄숙할 숙	粛	戰 싸움 전	戦, 战
實 열매 실	実	轉 구를 전	転
兒 아이 아	児	錢 돈 전	銭
惡 악할 악 / 미워할 오	悪	點 점 점	点, 㸃
壓 누를 압	圧	靜 고요할 정	静
藥 약 약	薬	定 정할 정	㝎
嚴 엄할 엄	厳	濟 건널 제	済
餘 남을 여	余	條 가지 조	条
與 더불·줄 여	与	卒 마칠 졸	卆
硏 갈 연	研	從 좇을 종	従, 从
鉛 납 연	鈆	晝 낮 주	昼
營 경영할 영	営	增 더할 증	増
榮 영화 영	栄	證 증거 증	証
藝 재주 예	芸, 藝	珍 보배 진	珎
豫 미리 예	予	盡 다할 진	尽
溫 따뜻할 온	温	參 참여할 참 / 석 삼	参
圍 에워쌀 위	囲	處 곳 처	処
爲 하·할 위	為	鐵 쇠 철	鉄
隱 숨을 은	隠, 隠	體 몸 체	体
應 응할 응	応	總 다 총	総, 総
醫 의원 의	医	蟲 벌레 충	虫
殘 남을 잔	残	齒 이 치	歯
雜 섞일 잡	雑	稱 일컬을 칭	称

- **彈** 탄알 탄   弾
- **擇** 가릴 택   択
- **學** 배울 학   学
- **虛** 빌 허   虚
- **險** 험할 험   険
- **驗** 시험 험   験
- **賢** 어질 현   贤
- **顯** 나타날 현   顕
- **號** 이름 호   号
- **畫** 그림 화 / 그을 획   画
- **歡** 기쁠 환   歓, 欢
- **興** 일 흥   兴

- 街談巷說(가담항설) : 길거리나 마을에 떠도는 이야기로서 근거없이 나도는 말들.

- 街頭示威(가두시위) : 길거리에서 행하는 시위.

- 家和萬事成(가화만사성) : 집안이 화목하면 모든 일이 다 잘 되어 나간다는 뜻.

- 刻骨難忘(각골난망) : 뼈에 새기고 잊지 않는다는 뜻으로 입은 은혜에 대한 고마움이 뼈에 깊이 사무쳐 결코 잊혀지지 아니함. = 白骨難忘(백골난망), 結草報恩(결초보은)

- 刻骨痛恨(각골통한) : 뼈에 사무칠 만큼 원통하고 한스러움.

- 各自圖生(각자도생) : 제각기 살길을 도모함.

- 刻舟求劍(각주구검) : 배에서 칼을 떨어뜨리고 떨어진 자리에 표시를 하였다가 배가 정박한 뒤에 칼을 찾는다는 뜻으로 판단력이 둔하여 세상일에 어둡고 어리석음을 이름. = 緣木求魚(연목구어), 隔靴搔痒(격화소양), 守株待兔(수주대토)

- 敢不生心(감불생심) : 감히 엄두를 내지 못함. = 焉敢生心(언감생심), 敢不生意(감불생의)

- 甘言利說(감언이설) : 남의 비유에 맞도록 꾸민 달콤한 말과 이로운 조건을 붙여 꾀는 말.

- 巨家大族(거가대족) : 대대로 번창하고 문벌이 좋은 집안.

- 居家之樂(거가지락) : 세속의 영화에 마음을 두지 않고 집에서 시나 서도 따위로 세월을 보내는 즐거움.

- 格物致知(격물치지) : 실제 사물의 이치를 연구하여 지식을 완성한다는 뜻.

- 激化一路(격화일로) : 격렬하게 되는 과정.

- 見利思義(견리사의) : 이익을 보면 의에 맞는가 안 맞는가의 여부를 잘 생각하여 취하고 안 취함을 결정함.

- 見聞一致(견문일치) : 보고 들은 바가 꼭 같음.

- 見物生心(견물생심) : 물건을 보고 욕심이 생김.

- 堅如金石(견여금석) : 굳기가 금이나 돌 같음.

- 見危致命(견위치명) : 나라가 위태로울 때 자기의 목숨을 나라에 바침.

- 結者解之(결자해지) : 맺은 사람이 풀어야 한다는 뜻으로 처음에 일을 벌여놓은 사람이 끝을 맺어야 함을 이름.

- 結草報恩(결초보은) : '풀을 묶어 은혜에 보답함'이라는 뜻으로, 죽어서까지라도 은혜를 잊지 않고 갚음.
- 經國濟世(경국제세) : 나라를 잘 다스려 도탄에 빠진 백성을 구제함을 이르는 말.
- 傾國之色(경국지색) : '나라가 기울어지게 할 정도로 빼어난 미녀'라는 뜻으로, 한 나라 안에서 제일가는 미인. = 傾城之色(경성지색), 絶世佳人(절세가인), 花容月態(화용월태), 丹脣皓齒(단순호치), 月下佳人(월하가인)
- 驚天動地(경천동지) : 하늘이 놀라고 땅이 흔들림. 세상을 놀라게 함.
- 鷄卵有骨(계란유골) : 달걀에도 뼈가 있다는 뜻으로, 일이 방해됨을 이르는 말. 또는 일이 안 되는 사람은 좋은 기회가 와도 역시 일이 안됨을 말함.
- 古今東西(고금동서) : 동양과 서양, 과거와 지금을 통틀어 일컬음.
- 孤立無援(고립무원) : 고립되어 구원받을 데가 없음.
- 故事成語(고사성어) : 옛날부터 전해 오는 의미 있는 일을 나타낸 글귀.
- 苦肉之策(고육지책) : 적을 속이기 위해 자신의 희생을 무릅쓰고 꾸미는 계책.
- 高低長短(고저장단) : 높고 낮음과 길고 짧음.
- 骨肉相殘(골육상잔) : 같은 민족끼리 해치며 싸우는 일. =骨肉相爭(골육상쟁)
- 骨肉之親(골육지친) : 부자와 형제 또는 가까운 친척.
- 公明正大(공명정대) : 마음이 공평하고 사심이 없으며 밝고 큼.
- 公平無私(공평무사) : 어느 한쪽에도 치우치지 않고 공평하며 사사로움이 없음.
- 廣大無邊(광대무변) : 넓고 커서 끝이 없음.
- 求不得苦(구부득고) : 팔고(八苦)의 하나. 구하여도 얻지 못하는 괴로움.
- 九死一生(구사일생) : '아홉 번 죽을 뻔하다가 한번 살아남'이라는 뜻으로, 여러 차례 죽을 고비를 넘기고 겨우 살아남.
- 九牛一毛(구우일모) : '아홉 마리 소에 한 가닥의 털'이라는 뜻으로, 아주 큰 물건 속에 있는 아주 작은 부분. = 滄海一粟(창해일속)
- 九折羊腸(구절양장) : '아홉 번 꺾어진 양의 창자'라는 뜻으로, 굽이진 험한 길.
- 舊態依然(구태의연) : 조금도 변하거나 발전한 데 없이 예전 모습 그대로.
- 君臣有義(군신유의) : 임금과 신하 사이에 의리가 있어야 함.

- 窮餘之策(궁여지책) : 궁한 나머지 생각다 못하여 짜낸 계책.

- 窮日之力(궁일지력) : 아침부터 저녁까지 온종일 일함.

- 權不十年(권불십년) : 아무리 높은 권세라도 10년을 가지 못함.

- 極樂往生(극락왕생) : 죽어서 극락세계에 다시 태어남.

- 近朱者赤(근주자적) : 붉은 것 옆에 있으면 붉게 됨.

- 今時初聞(금시초문) : 바로 지금 처음으로 들음.

- 起死回生(기사회생) : 거의 죽을 뻔하다가 다시 살아남.

- 奇想天外(기상천외) : 기이한 생각이 하늘 밖에까지 미침.

- 氣盡脈盡(기진맥진) : 기운이 없고 맥이 풀렸다는 뜻으로, 몸의 힘이 없는 상태.

- 難攻不落(난공불락) : 공격하기가 어려워 쉽사리 함락되지 아니함.

- 難兄難弟(난형난제) : 형인지 아우인지 분간하기 어렵다는 뜻으로, 누가 낫다고 할 수 없을 정도로 둘이 서로 비슷함을 이르는 말. = 伯仲之間(백중지간), 伯仲之勢(백중지세), 莫上莫下(막상막하)

- 男女有別(남녀유별) : 유교 사상에서, 남자와 여자 사이에 분별이 있어야 함을 이르는 말.

- 怒發大發(노발대발) : 몹시 크게 성을 냄.

- 論功行賞(논공행상) : 공적의 크고 작음 따위를 논의하여 그에 알맞은 상을 줌.

- 能小能大(능소능대) : 모든 일에 두루 능함.

- 多多益善(다다익선) : 많으면 많을수록 좋음.

- 多才多能(다재다능) : 재주와 능력이 여러 가지로 많음.

- 單刀直入(단도직입) : 한 칼로 바로 적진에 쳐들어간다는 뜻으로, 말이나 글이 요점으로 바로 들어가는 것. = 去頭截尾(거두절미)

- 黨同伐異(당동벌이) : 일의 옳고 그름은 따지지 않고 같은 의견의 사람끼리 같은 부류가 되고 다른 의견의 사람은 배척하고 물리친다는 말.

- 大驚失色(대경실색) : 크게 놀라서 낯빛을 잃음을 의미함.

- 代代孫孫(대대손손) : 대대로 이어오는 자손.

- **大明天地**(대명천지) ： 매우 밝은 세상.

- **徒勞無益**(도로무익) ： 애만 쓰고 이로움이 없음. = 徒勞無功(도로무공)

- **同苦同樂**(동고동락) ： 괴로움과 즐거움을 함께 함.

- **東問西答**(동문서답) ： 동쪽에서 묻는데 서쪽에서 대답한다는 뜻으로, 묻는 말에 대하여 아주 딴판인 엉뚱한 대답을 함.

- **同床異夢**(동상이몽) ： 같은 잠자리에서 다른 꿈을 꿈. 곧 겉으로는 같이 행동하면서 속으로는 딴 생각을 가짐.

- **同時多發**(동시다발) ： 어떤 일이 같은 시기에 한꺼번에 많이 일어나는 것.

- **斗酒不辭**(두주불사) ： 말술도 사양하지 아니하는 것.

- **登龍門**(등용문) ： '용이 올라가는 문'으로 입신출세의 관문.

- **燈下不明**(등하불명) ： 등잔 밑이 어둡다는 뜻으로, 가까이에 있는 것을 오히려 잘 모름을 이르는 말.

- **馬耳東風**(마이동풍) ： 말의 귀에 동풍이 불어도 전혀 느끼지 못한다는 뜻으로, 남의 비평이나 의견을 조금도 귀담아 듣지 아니하고 곧 흘려버림. = 牛耳讀經(우이독경), 對牛彈琴(대우탄금)

- **萬古不變**(만고불변) ： 오랜 세월이 지나도 전혀 변하지 않음.

- **滿場一致**(만장일치) ： 회장에 모인 사람의 뜻이 완전히 일치함.

- **亡羊之歎**(망양지탄) ： 잃은 양을 여러 갈래의 길에서 찾지 못하듯, 학문의 길이 여러 갈래여서 못 미침을 탄식. = 多岐亡羊(다기망양)

- **明鏡止水**(명경지수) ： '맑은 거울과 고요한 물'이라는 뜻으로, 잡념이나 허욕이 없이 맑고 조용한 마음을 일컬음.

- **明明白白**(명명백백) ： 아주 명백함.

- **牧民之官**(목민지관) ： '백성을 기르는 벼슬아치'라는 뜻으로, 원이나 수령 등 외직 문관을 통칭하는 말.

- **木人石心**(목인석심) ： '나무 인형에 돌같은 마음'이라는 뜻으로, ①감정이 전혀 없는 사람 ②의지가 굳어 마음이 흔들리지 않는 사람.

- **無念無想**(무념무상) ： 일체의 생각이 없다는 뜻으로, 무아의 경지에 이르러 일체의 상념이 없음을 이르는 말.

- **無不通知**(무불통지) ： 무슨 일이든 모르는 것이 없음. = 無所不知(무소부지)

- **務實力行**(무실역행) ： 참되고 실속 있도록 힘써 실행함.

- 無爲徒食(무위도식) ：아무 하는 일 없이 먹기만 함.

- 文房四友(문방사우) ：종이·붓·먹·벼루의 네 가지 문방구. = 文房四寶(문방사보)

- 門前成市(문전성시) ：문 앞에 저자(시장)를 이룬다는 뜻으로, 찾아오는 사람이 많음을 이르는 말.

- 聞一知十(문일지십) ：한 가지를 듣고 열 가지를 미루어 앎.

- 美辭麗句(미사여구) ：아름다운 말과 글귀.

- 美風良俗(미풍양속) ：아름답고 좋은 풍속.

- 博學多識(박학다식) ：학문이 넓고 식견이 많음. = 博覽強記(박람강기)

- 半信半疑(반신반의) ：반은 믿고 반은 의심함.

- 百年大計(백년대계) ：먼 장래를 내다보고 세우는 계획. = 百年之計(백년지계).

- 白面書生(백면서생) ：글만 읽고 세상일에 경험이 없는 사람. 풋내기.

- 百發百中(백발백중) ：백 번 쏘아 백 번 맞힌다는 뜻으로, 계획이나 예측이 생각대로 잘 들어맞음을 이르는 말.

- 百戰百勝(백전백승) ：싸울 때마다 반드시 이김.

- 百折不屈(백절불굴) ：백 번 꺾어도 굴하지 않는다는 뜻으로, 어떠한 어려움에도 굽히지 않음을 이르는 말. = 百折不撓(백절불요)

- 兵家常事(병가상사) ：실패는 흔히 있는 일이니 낙심할 것 없다는 말.

- 步武堂堂(보무당당) ：걸음걸이가 씩씩하고 버젓함.

- 富貴功名(부귀공명) ：재물이 많고 지위가 높으며 공을 세워 이름을 떨침.

- 富貴榮華(부귀영화) ：부귀와 영화.

- 夫婦有別(부부유별) ：남편과 아내는 분별이 있어야 함.

- 父子有親(부자유친) ：오륜의 하나. 아버지와 아들 사이의 도는 친애에 있음.

- 父傳子傳(부전자전) ：대대로 아버지가 아들에게 전함.

- 不知不識間(부지불식간) : 자기가 생각하지도 못하고 알지도 못하는 사이.

- 不問可知(불문가지) ：묻지 않아도 능히 알 수 있음.

- 不問曲直(불문곡직) ：옳고 그름을 묻지 않고 다짜고짜로 행함.

- 不遠千里(불원천리)　:　천 리 길도 멀어하지 않고 찾아감.

- 非一非再(비일비재)　:　한두 번만이 아님.

- 事事件件(사사건건)　:　모든 일. 온갖 사건.

- 死生決斷(사생결단)　:　살고 죽음을 돌보지 않고 끝장을 내는 것을 말함.

- 事實無根(사실무근)　:　사실에 근거가 없음.

- 事親以孝(사친이효)　:　삼국 통일의 원동력이 된 화랑의 세속오계의 하나. 어버이를 섬김에 효도로써 함.

- 事必歸正(사필귀정)　:　무슨 일이나 결국 옳은 이치대로 돌아감.

- 山川草木(산천초목)　:　'산과 물과 나무와 풀'이라는 뜻으로, 자연을 일컫는 말.

- 山戰水戰(산전수전)　:　산에서의 전투와 물에서의 전투를 다 겪음. 세상일에 경험이 많음.

- 散之四方(산지사방)　:　사방으로 흩어져 없어짐.

- 山海珍味(산해진미)　:　산과 바다에서 나는 물건으로 만든 맛좋은 음식.

- 殺生有擇(살생유택)　:　삼국 통일의 원동력이 된 화랑의 세속오계의 하나. 산 것을 죽일 때는 가려서 죽일 것.

- 殺身成仁(살신성인)　:　목숨을 버려 어진 일을 이룸.

- 生面不知(생면부지)　:　서로 한 번도 만난 적이 없어서 전혀 모르는 사람.

- 生死苦樂(생사고락)　:　삶과 죽음, 괴로움과 즐거움을 통틀어 일컫는 말.

- 生不如死(생불여사)　:　형편이 몹시 어려워서 사는 것이 오히려 죽느니만 못함.

- 先公後私(선공후사)　:　공적인 일을 먼저 하고 사적인 일을 뒤로 미룸.

- 善男善女(선남선녀)　:　보통사람. = 甲男乙女(갑남을녀), 樵童汲婦(초동급부), 張三李四(장삼이사)

- 說往說來(설왕설래)　:　시비를 따지는 말싸움.

- 世俗五戒(세속오계)　:　事君以忠(사군이충), 事親以孝(사친이효), 交友以信(교우이신), 臨戰無退(임전무퇴), 殺生有擇(살생유택)의 花郎五戒(화랑오계)를 말함.

- 送舊迎新(송구영신)　:　묵은 해를 보내고 새해를 맞음.

- 松竹之節(송죽지절)　:　소나무와 대나무같이 곧은 절개.

- 守節死義(수절사의)　:　절개를 지키고 의롭게 죽음.

- 是是非非(시시비비) : 옳고 그름을 가리어 밝힘.

- 始終如一(시종여일) : 처음이나 나중이 한결같아서 변함없음.

- 身邊雜記(신변잡기) : 자기 한 몸이 처해있는 주위에서 일상 일어나는 여러 가지 일을 적은 수필체의 글.

- 信賞必罰(신상필벌) : 공이 있는 사람에게는 반드시 상을 주고, 죄가 있는 사람에게는 반드시 벌을 줌.

- 身言書判(신언서판) : 인물을 선택하는 네 가지 조건. 몸, 말씨, 글씨, 판단력.

- 身土不二(신토불이) : '몸과 땅은 둘이 아니고 하나'라는 뜻으로, 자기가 사는 땅에서 산출된 농산물이 체질에 잘 맞는다는 말.

- 實事求是(실사구시) : 사실에 근거하여 사물의 진상·진리 등을 연구하는 일을 이르는 말.

- 心機一轉(심기일전) : 어떤 일을 계기로 기분이 아주 달라짐.

- 十中八九(십중팔구) : 열이면 여덟이나 아홉은 그러함.

- 我田引水(아전인수) : '제 논에 물 대기'라는 뜻으로, 자기에게만 이롭게 되도록 생각하거나 행동함. = 牽强附會(견강부회)

- 惡事千里(악사천리) : 나쁜 짓이나 못된 소문은 금세 세상에 퍼진다는 말.

- 安貧樂道(안빈낙도) : 구차한 중에도 편한 마음으로 도를 즐김. =安分知足(안분지족)

- 眼下無人(안하무인) : '눈 아래 사람이 없다'는 뜻으로, 사람을 업신여기며 교만함. = 傍若無人(방약무인)

- 愛國愛族(애국애족) : 자기의 나라와 겨레를 사랑함.

- 弱肉強食(약육강식) : 약한 놈이 강한 놈에게 먹힘.

- 良藥苦口(양약고구) : 좋은 약은 쓰다는 뜻으로, 충언(忠言)은 듣기 싫으나 받아들이면 자신에게 이로움. = 忠言逆耳(충언역이)

- 語不成說(어불성설) : 말이 이치에 맞지 않음.

- 言行一致(언행일치) : 하는 말과 행동이 같음.

- 與民同樂(여민동락) : 왕이 백성과 함께 즐거움을 나눔.

- 易地思之(역지사지) : 처지를 바꾸어 생각함.

- 緣木求魚(연목구어) : 나무를 타고 올라가서 고기를 잡는다는 뜻으로, 되지도 않을 엉뚱한 소망을 비유하여 이르는 말.

- 連戰連勝(연전연승) : 싸울 때마다 번번이 이김. ↔ 連戰連敗(연전연패)

- 五穀百果(오곡백과) : 온갖 곡식과 과일.

- 玉骨仙風(옥골선풍) : 뛰어난 풍채와 골격.

- 溫故知新(온고지신) : 옛 것을 익혀 새 것을 안다는 뜻으로, 옛 것을 연구하여 거기서 새로운 지식이나 도리를 찾아내는 일.

- 樂山樂水(요산요수) : 山水(산수)경치를 좋아함.

- 用意周到(용의주도) : 어떤 일을 할 마음이 두루 미친다는 뜻으로, 마음의 준비가 두루 미쳐 빈틈이 없음.

- 外華內貧(외화내빈) : 겉치레는 화려하나 실속이 없음.

- 牛耳讀經(우이독경) : '쇠귀에 경 읽기'라는 뜻으로, 아무리 일러도 알아듣지 못함을 이름. = 馬耳東風(마이동풍), 對牛彈琴(대우탄금)

- 有口無言(유구무언) : 입은 있어도 말이 없다는 뜻으로, 변명할 말이 없거나 변명을 못함.

- 有名無實(유명무실) : 이름뿐이고 실속이 없음을 이르는 말.

- 類類相從(유유상종) : 비슷한 부류의 사람들끼리 모이는 것을 비유한 말.

- 意味深長(의미심장) : 말이나 글의 뜻이 매우 깊음을 이르는 말.

- 以實直告(이실직고) : 사실을 있는 그대로 말함.

- 以心傳心(이심전심) : 말을 하지 않더라도 서로 마음이 통함을 이르는 말. = 不立文字(불립문자), 拈華微笑(염화미소)

- 因果應報(인과응보) : 원인(原因)과 결과(結果)는 서로 물고 물린다는 뜻으로, 좋은 일에는 좋은 결과가, 나쁜 일에는 나쁜 결과가 따른다는 말. = 惡因惡果(악인악과), 自業自得(자업자득), 種豆得豆(종두득두)

- 人命在天(인명재천) : 사람의 목숨은 하늘에 있다는 뜻으로, 사람이 살고 죽는 것은 어찌할 수 없음을 이르는 말.

- 人事不省(인사불성) : 정신을 잃고 의식을 모른다는 뜻으로, 사람으로서의 예절(禮節)을 차리지 못하거나 의식을 잃어서 사람의 일을 알아차리지 못함을 이르는 말.

- 仁者樂山(인자요산) : 인품이 어진 사람은 의리에 만족하여 몸가짐이 무겁고 덕이 두터워 그 마음이 산과 같아 자연히 산을 좋아함을 이르는 말.

- 一刻千金(일각천금) : 극히 짧은 시간도 귀중하고 아깝기가 천금과 같다는 뜻.

- 一口二言(일구이언) : 한 입으로 두 말을 한다는 뜻으로, 한 번 내뱉은 말을 바꿈.

- 一脈相通(일맥상통) : 생각, 성질, 처지 등이 어느 면에서 한 줄기로 서로 통하거나 비슷함을 이르는 말.

- 一罰百戒(일벌백계) : 한 사람을 벌 주어 백 사람을 경계한다는 뜻으로, 한 사람을 벌하여 여러 사람에게 경각심을 불러일으킴.

- 一石二鳥(일석이조) : 돌 하나로 두 마리의 새를 떨어뜨린다는 뜻으로, 한 번에 두 가지의 이득을 얻음.

- 一心同體(일심동체) : 여러 사람이 한 사람처럼 뜻을 합하여 굳게 결합함을 이르는 말.

- 一長一短(일장일단) : 장점이 하나 있으면 단점도 하나 있다는 뜻으로, 좋고 나쁨이 있음을 이르는 말.

- 日就月將(일취월장) : 날로 발전하여 나아감. = 日進月步(일진월보)

- 一喜一悲(일희일비) : 한 번 기쁘고 한 번 슬픔.

- 立身揚名(입신양명) : 성공하여 세상에 이름을 드날림.

- 自強不息(자강불식) : 스스로 힘을 쓰고 가다듬어 쉬지 않음.

- 自激之心(자격지심) : 자기가 한 일에 대해 스스로 부족하다고 여기는 마음. = 自曲之心(자곡지심)

- 自手成家(자수성가) : 자기 손으로 스스로 이룬다는 뜻으로, 물려받은 재산 없이 스스로의 힘으로 어엿한 한 살림을 이룩하는 일.

- 自業自得(자업자득) : 자기가 저지른 일의 과보를 자기 자신이 받는 것. = 因果應報(인과응보), 惡因惡果(악인악과)

- 自由自在(자유자재) : 자기 마음대로 할 수 있음.

- 作心三日(작심삼일) : 한 번 결심한 것이 사흘을 가지 않는다는 뜻으로, 결심이 굳지 못함을 이르는 말.

- 張三李四(장삼이사) : '장씨의 셋째 아들과 이씨의 넷째 아들'이라는 뜻으로, 평범한 보통 사람을 이르는 말. = 樵童汲婦(초동급부), 善男善女(선남선녀), 甲男乙女(갑남을녀)

- 適材適所(적재적소) : 어떤 일에 적합한 재능을 가진 자에게 적합한 지위나 임무를 맡기는 것.

- 電光石火(전광석화) : 극히 짧은 시간이나 빠른 동작을 비유하는 말.

- 前無後無(전무후무) : 전에도 없었고 앞으로도 있을 수 없음을 이르는 말. = 空前絕後(공전절후)

- 朝變夕改(조변석개) : 아침 저녁으로 뜯어고친다는 뜻으로, 계획이나 결정 따위를 자주 바꾸는 것을 이르는 말. = 朝令暮改(조령모개)

- 早失父母(조실부모) : 일찍이 부모를 여의는 것.

- 鳥足之血(조족지혈) : '새 발의 피'라는 뜻으로, 극히 적은 분량이나 아주 적어서 비교(比較)가 안 되는 것을 이름.

- 存亡之秋(존망지추) : 존속하느냐 멸망하느냐의 매우 위급한 때, 또는 죽느냐 사느냐의 중대한 경우를 이름.

- 種豆得豆(종두득두) : 콩 심은 데 콩 난다는 뜻으로, 원인에는 그에 따른 결과가 나오기 마련임을 이르는 말. = 因果應報(인과응보), 自業自得(자업자득)

- 走馬看山(주마간산) : 말을 타고 달리면서 산을 바라본다는 뜻으로, 바빠서 자세히 살펴보지 않고 대강 보고 지나감을 이름.

- 晝夜長川(주야장천) : 밤낮으로 쉬지 않고 흐르는 시냇물과 같이 계속 이어짐을 이르는 말.

- 竹馬故友(죽마고우) : '대나무 말을 타고 놀던 옛 친구'라는 뜻으로, 어릴 때부터 가까이 지내며 자란 친구를 이르는 말.

- 衆口難防(중구난방) : 여러 사람의 입을 막기 어렵다는 뜻으로, 많은 사람들이 함부로 떠들어 감당하기 어려움.

- 至誠感天(지성감천) : 지극한 정성에는 하늘도 감동한다는 뜻으로, 무엇이든 정성껏 하면 하늘이 움직여 좋은 결과를 맺음.

- 知行合一(지행합일) : 참 지식은 반드시 실행이 따라야 한다는 말.

- 指呼之間(지호지간) : 손짓하여 부르면 대답할 수 있는 가까운 거리.

- 進退兩難(진퇴양난) : 나아가지도 물러서지도 못하는 궁지에 몰리는 것. = 進退維谷(진퇴유곡)

- 千軍萬馬(천군만마) : '천 명의 군사와 만 마리의 말'이라는 뜻으로, 많은 군사와 말을 이름.

- 千萬多幸(천만다행) : 아주 다행함.

- 天人共怒(천인공노) : 하늘과 사람이 함께 분노한다는 뜻으로, 도저히 용서하지 못함을 비유. = 神人共怒(신인공노)

- 天災地變(천재지변) : 지진, 홍수, 태풍 따위와 같이 자연 현상에 의해 일어나는 재앙.

- 千態萬象(천태만상) : 사물이 제각기 다른 모습을 함. = 千差萬別(천차만별)

- 靑山綠水(청산녹수) : '푸른 산과 푸른 물'이라는 뜻으로, 산골짜기에 흐르는 맑은 물을 이르는 말.

- 靑山流水(청산유수) : '푸른 산과 흐르는 물'이라는 뜻으로, 말을 거침없이 잘함을 비유.

- 淸風明月(청풍명월) : '맑은 바람과 밝은 달'이라는 뜻으로, 결백하고 온건한 성격을 이르는 말.

- 草家三間(초가삼간) : '세 칸짜리 초가'라는 뜻으로, 아주 보잘것없는 초가를 이르는 말.

- 草綠同色(초록동색) : '풀과 녹색은 서로 같은 벗'이라는 뜻으로, 같은 처지나 부류의 사람들끼리 함께 행동함을 이르는 말. = 類類相從(유유상종)

- 寸鐵殺人(촌철살인) : 한 치밖에 안 되는 칼로 사람을 죽인다는 뜻으로, 간단한 경구나 단어로 사람을 감동시키거나 사물의 급소를 찌름의 비유.

- 秋風落葉(추풍낙엽) : '가을 바람에 우수수 떨어지는 잎'이란 뜻으로, 어느 한 순간에 권력 등을 잃어버리는 것.

- 忠言逆耳(충언역이) : 바른 말은 귀에 거슬린다는 뜻으로, 바르게 타이르는 말일수록 듣기 싫어함을 이르는 말. = 良藥苦口(양약고구)

- 治山治水(치산치수) : 산과 물을 다스려 재해를 막는 일.

- 置之度外(치지도외) : 내버려두고 상대하지 않음.

- 他山之石(타산지석) : 다른 산에서 난 돌도 자기의 구슬을 가는 데에 소용이 된다는 뜻으로, 다른 사람의 하찮은 언행일지라도 자기의 지덕(知德)을 연마하는 데 도움이 됨.

- 卓上空論(탁상공론) : '탁자 위에서만 펼치는 헛된 논설'이란 뜻으로, 실현성이 없는 허황된 이론을 일컬음.

- 太平聖代(태평성대) : 어질고 착한 임금이 잘 다스려 태평한 세상.

- 破竹之勢(파죽지세) : '대나무를 쪼개는 기세'라는 뜻으로, 세력이 강대하여 적을 거침없이 물리치고 쳐들어가는 기세, 또는 걷잡을 수 없이 나아가는 모양을 이르는 말.

- 八方美人(팔방미인) : '어느 방향에서 보아도 아름다운 미인'이라는 뜻으로, 여러 방면의 일에 능통한 사람을 일컫는 말.

- 風前燈火(풍전등화) : '바람 앞의 등불'이라는 뜻으로, 위기에 처함을 이름. = 百尺竿頭(백척간두), 危機一髮(위기일발)

- 何待歲月(하대세월) : 아무리 오래되어도 사물이 이루어지기 어려움을 이르는 말. 또는 기다리기가 매우 지루함을 이르는 말. = 何待明年(하대명년), 百年河淸(백년하청)

- 虛送歲月(허송세월) : 세월을 헛되이 보냄을 이르는 말.

- 虛虛實實(허허실실) : 허를 찌르고 실리를 꾀하는 계책.

- 賢母良妻(현모양처) : 어진 어머니인 동시에 착한 아내를 이르는 말.

- 形形色色(형형색색)　：　모양이나 종류가 다른 가지각색의 것을 이르는 말.

- 好衣好食(호의호식)　：　좋은 옷을 입고 좋은 음식을 먹는 것. 잘 입고 잘 먹음을 이르는 말.

- 呼兄呼弟(호형호제)　：　썩 가까운 벗의 사이에 형이니 아우니 하고 서로 부름을 이르는 말.

- 確固不動(확고부동)　：　확고하여 흔들리거나 움직이지 아니함을 이르는 말.

- 會者定離(회자정리)　：　만나면 반드시 헤어지게 마련임을 일컫는 말. ＝ 生者必滅(생자필멸) ↔ 去者必反(거자필반)

- 興盡悲來(흥진비래)　：　즐거운 일이 지나가면 슬픈 일이 닥쳐온다는 뜻으로, 세상일이 순환됨을 일컫는 말. ↔ 苦盡甘來(고진감래)

- 喜怒哀樂(희로애락)　：　'기쁨과 노여움, 슬픔과 즐거움'이라는 뜻으로, 사람의 여러 가지 감정을 이르는 말.

실전 모의고사

4급Ⅱ 문제지 10회

4급 문제지 10회

第1回 漢字能力檢定試驗　4級II 問題紙

[問 1-14] 다음 글에서 밑줄 친 단어 중 한글로 표기된 것은 漢字(正字)로, 漢字로 표기된 것은 한글로 바꾸어 쓰시오.

○ 公衆(1)전화는 여러 사람들이 사용(2)할 수 있도록 길거리나 일정(3)한 장소(4)에 設置(5)한 전화로 동전을 넣고 이용하는 것과 카드를 넣고 이용하는 것 두 가지 종류(6)가 있다. 公衆전화 사용 시에는 뒷사람을 생각해서 통화(7)를 짧게 하는 것이 교양(8) 있는 사람들의 행동(9)이다. 최근에는 移動(10) 통신의 發達(11)로 휴대전화 사용 인구가 增加(12)함에 따라 次例(13)次例 사라져가는 추세여서 예전의 感興(14)을 느낄 수 없어 안타깝기도 하다.

[問 15-42] 다음 문장에서 밑줄 친 漢字語의 讀音을 쓰시오.

(15) 나는 공부에는 素質이 없다.

(16) 달리기 競走에서 일등을 했다.

(17) 우리 기숙사의 舍監 선생님은 엄격하기로 유명하다.

(18) 더 이상 想念에 빠져 있을 시간이 없다.

(19) 이번 대회 종합우승을 위하여 總力

을 기울여 줄 것을 당부했다.

(20) 임명 동의안을 票決에 부치다.

(21) 공공장소에서 吸煙은 엄격히 금지되어 있습니다.

(22) 은퇴한 뒤에는 시골로 내려가 田園생활을 할까 하네.

(23) 욕실에는 기본적인 세면도구와 화장품이 備置되어 있습니다.

(24) 낮에는 구름으로, 밤에는 불빛으로 引導하시다.

(25) 미사麗句로 치장된 문장보다는 진심이 담긴 문장이어야 한다.

(26) 병에 담긴 맛있는 液體

(27) 잔잔한 물결에 이는 波動을 느꼈다.

(28) 결혼 移住 여성들을 위한 한국어 강좌

(29) 영원한 安息과 평화

(30) 관내의 효자·孝婦에게 표창장이 수여되었다.

(31) 예고 없는 訪問에 모두가 놀랐다.

(32) 삶과 죽음의 境界를 넘나들다.

(33) 계속되는 불경기로 직원을 減員할 수밖에 없다.

(34) 미국에서 유학하고 있는 아들이 <u>送金</u> 요청을 해 왔다.

(35) 연말이면 방송사마다 <u>演技</u> 대상을 수여한다.

(36) 남은 것은 병약한 <u>肉身</u> 뿐이다.

(37) 언어의 <u>障壁</u>에 가로막히다.

(38) 주변국들의 <u>協助</u>가 아니었다면 재건은 불가능했을 것이다.

(39) 힘든 인생에 있어 <u>宗敎</u>의 역할은 매우 중요하다.

(40) <u>齒石</u> 제거에 탁월한 효과!

(41) 지역별 <u>分布</u> 현황

(42) 어떠한 순간에도 <u>希望</u>을 잃지 말아야 한다.

[問 43–64] 다음 漢字의 訓과 音을 쓰시오.

(43) 退

(44) 增

(45) 陰

(46) 悲

(47) 防

(48) 毒

(49) 職

(50) 缺

(51) 治

(52) 限

(53) 蟲

(54) 修

(55) 滿

(56) 經

(57) 富

(58) 如

(59) 回

(60) 印

(61) 接

(62) 禁

(63) 衛

(64) 除

[問 65–77] 다음 문장에서 밑줄 친 漢字語를 漢字(正字)로 쓰시오.

(65) 새 시대의 <u>도래</u>

(66) <u>행복</u>을 추구할 권리

(67) 공주를 구할 <u>용사</u>는 누구인가

(68) <u>신하</u>의 예를 갖추다.

(69) <u>의과</u> 대학에서 의사의 길을 걷다.

(70) 금 밟으면 <u>무효</u>

(71) 이 정도면 <u>충분</u>하다.

(72) 남의 일에 <u>참견</u>하지 마라.

(73) 지구가 멸망하더라도 살아남을 <u>종족</u>

(74) 아직 <u>온기</u>가 남아 있다.

(75) 노부모를 <u>봉양</u>해야 한다.

(76) <u>육로</u>를 통한 교역

(77) <u>가격</u>이 매우 저렴하다.

[問 78-82] 다음 ( ) 안에 알맞은 漢字(正字)를 써서 四字成語를 완성하시오.

(78) 死生( )斷

(79) ( )者一燈

(80) 無( )不爲

(81) 九( )一毛

(82) 美風( )俗

[問 83-85] 다음 漢字와 뜻이 反對 또는 相對되는 漢字(正字)를 ( ) 안에 넣어 漢字語를 완성하시오.

(83) 功( ) : 공로와 과실

(84) ( )使 : 노동자와 사용자

(85) 發( ) : 출발과 도착

[問 86-88] 다음 漢字와 뜻이 같거나 비슷한 漢字(正字)를 ( ) 안의 소리에 맞게 넣어 漢字語를 완성하시오.

(86) 慶(축)

(87) 故(구)

(88) 端(정)

[問 89-91] 다음 漢字語와 讀音이 같은 漢字語가 되도록 ( ) 안에 漢字(正字)를 쓰되, 제시된 뜻에 맞추시오.

(89) 敬老 - 經( ) : 지나가는 길

(90) 古代 - 苦( ) : 몹시 기다림

(91) 共同 - ( )洞 : 아무것도 없이 텅 비어 있는 굴

[問 92-94] 다음 漢字의 略字(약자:획수를 줄인 한자)를 쓰시오.

(92) 團

(93) 輕

(94) 寶

[問 95-97] 다음 漢字의 部首를 쓰시오.

(95) 兩

(96) 則

(97) 虛

[問 98-100] 다음 漢字語의 일반적인 뜻을 쓰시오.

(98) 故意

(99) 極口

(100) 禁斷

第2回 漢字能力檢定試驗 4級II 問題紙

[問 1–14] 다음 글에서 밑줄 친 단어 중 한글로 표기된 것은 漢字(正字)로, 漢字로 표기된 것은 한글로 바꾸어 쓰시오.

○ 반성(1)문 : 상기(2) 본인(3)은 期限(4) 내에 과제(5)를 완료해야 할 책임(6)을 다하지 못하였음을 眞心(7)으로 謝過(8)드리며 將次(9) 이러한 事態(10)가 발생(11)하지 않도록 未然(12)에 防止(13)할 것을 약속(14)합니다.

[問 15–42] 다음 문장에서 밑줄 친 漢字語의 讀音을 쓰시오.

(15) '낫 놓고 기역 자도 모른다'는 俗談이 있다.

(16) 大團圓의 막이 내렸다.

(17) 융숭한 待接을 받다.

(18) 병이 完治된 후에 출근해도 늦지 않아.

(19) 선물은 小包로 부쳐 주세요.

(20) 그는 사소한 是非 끝에 사람을 다치게 했다.

(21) 잦은 음주는 毛根 세포의 기능을 떨어뜨려 탈모를 촉진한다.

(22) 행정고시를 통과한 그는 꿈에 그리던 官職 생활을 시작하게 되었다.

(23) 個性 있는 옷차림

(24) 悲感한 표정

(25) 3:0으로 快勝을 거두었다.

(26) 인내심의 限界를 넘다.

(27) 인구가 나날이 增加하고 있다.

(28) 서로 議論해서 결정하시오.

(29) 常識 밖의 행동에 깜짝 놀랐다.

(30) 맡은 바 業務에 최선의 노력을 다하다.

(31) 내 故鄕 남쪽 바다

(32) 대중 歌謠 가수 중에 가장 좋아하는 사람은 누구입니까?

(33) 사유 재산권을 侵害하다.

(34) 출발 두 시간 전까지는 空港에 나와 주십시오.

(35) 건강이 回復되는 대로 운동을 시작하세요.

(36) 정신 修養을 위해 고전을 읽기 시작했다.

(37) 人脈 형성을 위한 인간관계는 바람직하지 못하다.

(38) 오늘 청소 擔當이 누구냐?

(39) 3회 이상 <u>缺席</u>한 사람에게는 성적을
　　　줄 수가 없습니다.

(40) 나는 그 결과에 <u>承服</u>할 수 없다.

(41) <u>銃聲</u>과 포연이 난무하는 전장

(42) 커피 <u>香氣</u>가 은은하게 배어 나오고
　　　있었다.

[問 43-64] 다음 漢字의 訓과 音을 쓰시오.

(43) 恩

(44) 武

(45) 句

(46) 檢

(47) 榮

(48) 絶

(49) 希

(50) 志

(51) 佛

(52) 境

(53) 非

(54) 純

(55) 政

(56) 處

(57) 聖

(58) 掃

(59) 總

(60) 康

(61) 逆

(62) 敵

(63) 驗

(64) 爲

[問 65-77] 다음의 漢字語를 (　) 속의 뜻풀이를 참조하여 漢字(正字)로 쓰시오.

(65) 대가 (일을 하고 그에 대한 값으로
　　　받는 보수)

(66) 격식 (격에 맞는 일정한 방식)

(67) 흉악 (성질이 몹시 악함)

(68) 노사 (노동자와 사용자)

(69) 관심 (어떤 것에 끌리는 마음)

(70) 제목 (책이나 작품의 이름)

(71) 선명 (산뜻하고 뚜렷하여 혼동되지
　　　않고 분명함)

(72) 기본 (사물의 기초와 근본)

(73) 유수 (흐르는 물)

(74) 약국 (약을 파는 가게)

(75) 임명 (직무를 맡김)

(76) 전기 (한 개인의 일생의 행적을 적
　　　은 기록)

(77) 필체 (글씨를 써 놓은 모양)

[問 78-82] 다음 (　) 안에 알맞은 漢字(正字)를 써서 四字成語를 완성하시오.

(78) 論功(　)賞 : 공적의 크고 작음 따위
　　　를 논의하여 그에 알맞은 상을 줌

(79) 博學多(　　) : 학문이 넓고 식견이
　　　많음.

(80) 起(　　)回生 : 죽을 뻔하다가 다시
　　　살아남

(81) 多多益(　　) : 많으면 많을수록 더
　　　욱 좋음

(82) 難兄難(　　) : 누구를 형이라 하고
　　　누구를 아우라 하기 어렵다.

[問 83-85] 다음 漢字와 뜻이 反對 또는 相
對되는 漢字(正字)를 (　　) 안에 넣어 漢字語
를 완성하시오.

(83) 都(　) : 도시와 농촌

(84) 善(　) : 착한 것과 악한 것

(85) 水(　) : 물과 육지

[問 86-88] 다음 漢字와 뜻이 같거나 비슷
한 漢字(正字)를 (　　) 안에 넣어 漢字語를 완
성하시오.

(86) 목표를 達(　)

(87) 회의 내용을 빠짐없이 (　)錄

(88) 공평하게 配(　)

[問 89-91] 다음 漢字語와 讀音이 같은 漢
字語가 되도록 (　　) 안에 漢字(正字)를 쓰되,
제시된 뜻에 맞추시오.

(89) 空約 - (　　)約 : 어떤 일에 대해 국
　　　민에게 하는 약속

(90) 校庭 - 校(　　) : 글자의 잘못된 것
　　　을 대조하여 바로 잡음

(91) 綠陰 - 錄(　　) : 테이프나 판 또는
　　　영화 필름 따위에 소리를 기록함

[問 92-94] 다음 漢字의 略字(약자:획수를
줄인 한자)를 쓰시오.

(92) 獨

(93) 參

(94) 關

[問 95-97] 다음 漢字의 部首를 쓰시오.

(95) 慶

(96) 句

(97) 求

[問 98-100] 다음 漢字語의 일반적인 뜻을
쓰시오.

(98) 竹工

(99) 帶同

(100) 輪作

第3回 漢字能力檢定試驗 4級|| 問題紙

[問 1-14] 다음 글에서 밑줄 친 단어 중 한글로 표기된 것은 漢字(正字)로, 漢字로 표기된 것은 한글로 바꾸어 쓰시오.

○ <u>航空</u>(1) 요금의 <u>引上</u>(2)으로 여행(3) 경비가 조정될 예정입니다. 식사 및 <u>숙소</u>(4)는 변동(5)사항 없이 <u>進行</u>(6) 됩니다. 세계 3대 <u>美港</u>(7)으로 꼽히는 나폴리 관광(8), 베수비오스 산 정상에서 바라보는 운해(9), <u>香水</u>(10) 공장 견학(11) 등… 저희 '좋아관광'은 품격(12) 있는 여행을 위해 최선의 <u>努力</u>(13)을 다하겠습니다.
  -좋아관광 대표이사 오두일 <u>拜上</u>(14)

[問 15-42] 다음 문장에서 밑줄 친 漢字語의 讀音을 쓰시오.

(15) 국회의원 선거에 <u>單獨</u>으로 출마하게 되었다.

(16) 한여름에 먹는 콩국수는 <u>別味</u> 중의 <u>別味</u>이다.

(17) 교수님의 <u>研究</u> 성과를 발표해 주십시오.

(18) <u>印章</u>은 서명으로 점점 대체되고 있다.

(19) <u>敵將</u>과 담판을 짓고 오겠다.

(20) 너의 <u>潔白</u>을 믿어 의심치 않는다.

(21) 강력한 <u>武器</u>를 앞세워 침략해 왔다.

(22) <u>受講</u> 신청 정정 기간

(23) <u>尊敬</u>하는 스승님

(24) 같은 <u>血統</u>을 지닌 형제자매

(25) 부모님의 <u>恩惠</u>

(26) <u>賢明</u>한 결정

(27) 노래 실력은 <u>如前</u>하구나!

(28) 해적들이 숨겨둔 <u>寶物</u>

(29) 소를 타고 가는 <u>牧童</u>에게 길을 묻다

(30) <u>係長</u>님이나 과장님께 여쭤보세요

(31) 현대 음악에 있어 누구보다도 <u>博識</u>한 그녀

(32) 대입 <u>檢定</u> 시험

(33) <u>政府</u> 종합 청사

(34) 그가 한 말이 과연 <u>眞談</u>일까?

(35) 이 일은 내가 <u>解決</u>할 수 있다.

(36) 그 학교는 <u>規律</u>이 엄하기로 유명하다.

(37) 요즘 젊은 세대들은 <u>求職</u>난에 시달린다.

(38) 몸이 <u>健康</u>해야 마음도 健康

(39) 친척 간에 <u>往來</u>가 적다.

(40) <u>至當</u>하신 말씀

(41) <u>將次</u> 무엇이 되려고 이러느냐

(42) 그의 노래에는 <u>感興</u>이 없다.

[問 43-64] 다음 漢字의 訓과 音을 쓰시오.

(43) 竹

(44) 備

(45) 毛

(46) 察

(47) 玉

(48) 港

(49) 房

(50) 權

(51) 配

(52) 官

(53) 吸

(54) 演

(55) 壁

(56) 田

(57) 設

(58) 街

(59) 快

(60) 留

(61) 故

(62) 制

(63) 究

(64) 藝

[問 65-77] 다음 문장에서 밑줄 친 漢字語를 漢字(正字)로 쓰시오.

(65) 그는 형제 중에서 가장 <u>능력</u>이 뛰어나다.

(66) 그는 눈앞의 이익보다는 <u>신념</u>을 좇는 사람이다.

(67) 이번 모임은 회원 간의 <u>결속</u>을 다지기 위한 행사이다.

(68) 나는 오늘 <u>당직</u>이라 일찍 퇴근할 수 없다.

(69) 새로운 <u>국면</u>으로 접어들고 있었다.

(70) 그에게 이번 임무는 매우 <u>중요</u>하다.

(71) 다이어트에는 단식보다는 <u>절식</u>이 효과적이다.

(72) 선수들은 <u>필승</u>을 다짐했다.

(73) 승리의 <u>화신</u>

(74) 월드컵 6연패의 <u>위업</u>을 달성했다.

(75) 1위부터 10위까지 <u>순위</u>가 정해졌다.

(76) <u>습득</u>하는 능력이 매우 뛰어나다.

(77) 당신 <u>덕분</u>에 내가 웃습니다.

[問 78-82] 다음 ( ) 안에 알맞은 漢字(正字)를 써서 四字成語를 완성하시오.

(78) 角者無( )

(79) ( )草報恩

(80) 極( )無道

(81) 燈火可( )

(82) 大( )名分

[問 83-85] 다음 漢字와 뜻이 反對 또는 相對되는 漢字(正字)를 ( ) 안에 넣어 漢字語를 완성하시오.

(83) 玉( ) : 좋은 것과 나쁜 것

(84) 將( ) : 장수와 병졸

(85) 好( ) : 좋고 싫음

[問 86-88] 다음 漢字와 뜻이 같거나 비슷한 漢字(正字)를 ( ) 안의 소리에 맞게 넣어 漢字語를 완성하시오.

(86) (발)展

(87) 到(착)

(88) 眞(실)

[問 89-91] 다음 漢字語와 讀音이 같은 漢字語가 되도록 ( ) 안에 漢字(正字)를 쓰되, 제시된 뜻에 맞추시오.

(89) 獨子 - ( )者 : 책, 신문 등 글을 읽는 사람

(90) 同期 - ( )機 : 의사결정이나 어떤 행위의 직접적인 원인

(91) 飛行 - ( )行 : 잘못되거나 그릇된 행위

[問 92-94] 다음 漢字의 略字(약자:획수를 줄인 한자)를 쓰시오.

(92) 廣

(93) 號

(94) 當

[問 95-97] 다음 漢字의 部首를 쓰시오.

(95) 器

(96) 黨

(97) 督

[問 98-100] 다음 漢字語의 일반적인 뜻을 쓰시오.

(98) 律動

(99) 離間

(100) 滿員

第4回 漢字能力檢定試驗　4級II 問題紙

[問 1-20] 다음 글에서 밑줄 친 단어 중 한글로 표기된 것은 漢字(正字)로, 漢字로 표기된 것은 한글로 고쳐 쓰시오.

○ 네 소원이 무엇이냐 하고 하나님이 물으시면 나는 서슴지 않고, "내 소원은 대한(1)독립(2)이오." 하고 대답(3)할 것이다. (중략) 나는 일찍 우리 독립 政府(4)의 문지기가 되기를 원하였거니와 그것은 우리나라가 독립국만 되면 나는 그 나라의 가장 미천한 자가 되어도 좋다는 뜻이다. 왜 그런고 하면 독립한 제 나라의 빈천이 남의 밑에 사는 富貴(5)보다 기쁘고 榮光(6)스럽고 希望(7)이 많기 때문이다. (중략) 나는 공자·석가·예수의 도를 배웠고 그들을 聖人(8)으로 숭배하거니와, 그들이 합하여서 세운 천당(9) 極樂(10)이 있다 하더라도 그것이 우리 민족(11)이 세운 나라가 아닐진대 우리 민족을 그 나라로 끌고 들어가지 아니할 것이다. 왜 그런고 하면 피와 역사(12)를 같이하는 민족이란 완연(13)히 있는 것이어서 내 몸이 남의 몸이 못됨과 같이 이 민족이 저 민족이 될 수는 없는 것이 마치 형제도 한 집에서 살기 어려움과 같은 것이다.

김구, 〈나의 소원〉 중

○ 온 인류(14)가 서로 평등(15)하게 사랑하여야 한다는 것이 博愛(16) 主義(17)의 근본 이념(18)이다.

○ 고즈넉한 山寺(19)에 들리는 念佛(20) 소리

[問 21-45] 다음 문장에서 밑줄 친 漢字語의 讀音을 쓰시오.

(21) 砲手는 나무꾼에게 사슴을 보았느냐고 물었다.

(22) 홀연히 煙氣가 되어 사라지다.

(23) 그는 이 동네 제일가는 富者다.

(24) 선생님은 怒氣를 띤 얼굴로 나를 부르셨다.

(25) 나는 과학과 수학에 興味가 있다.

(26) 起工式에 참석한 사람들은 모두 상기된 얼굴이었다.

(27) 서울에서 북경까지 飛行 시간은 얼마입니까?

(28) 그 친구와는 絶交한 지 오래다.

(29) 希望이 있기에 결코 포기할 수 없다.

(30) 정부의 실정을 언론이 斗護

(31) 反復해서 학습하는 것만이 지름길

이다.

(32) 나가자! 우리에겐 오직 前進 뿐이다!

(33) 이 難關을 타개해 나갈 방법을 찾아
보자.

(34) 副賞으로는 순금 10돈이 수여되겠
습니다.

(35) 경찰은 그를 범인으로 指目했다.

(36) 아픈 부위를 羅列해 보아라.

(37) 선생님의 講義에 깊은 감명을 받았
습니다.

(38) 역사상 가장 豊足하고 넉넉했던 시
대.

(39) 합격과 동시에 아들까지 얻었으니
慶事가 겹쳤구나!

(40) 壁報의 내용은 등록금 인하에 관한
것이었다.

(41) 그의 주장은 論理가 부족하다.

(42) 동전의 兩面

(43) 密林의 왕자 타잔

(44) 職務 수행 중 알게 된 정보를 누설
할 수 없다.

(45) 至極한 정성에 하늘도 감동했다.

[問 46-67] 다음 漢字의 訓과 音을 쓰시오.

(46) 城   (47) 支

(48) 求   (49) 容

(50) 虛   (51) 床

(52) 濟   (53) 個

(54) 態   (55) 羊

(56) 築   (57) 送

(58) 假   (59) 味

(60) 煙   (61) 潔

(62) 旱   (63) 興

(64) 笑   (65) 努

(66) 督   (67) 準

[問 68-77] 다음의 漢字語를 ( ) 속의 뜻풀
이를 참조하여 漢字(正字)로 쓰시오.

(68) 변동 (바뀌어 달라짐)

(69) 사실 (역사에 실제로 있는 사실)

(70) 발악 (마구 악을 씀)

(71) 전망 (멀리 바라봄)

(72) 양성 (유능한 사람을 길러냄)

(73) 질문 (모르는 점을 물음)

(74) 특명 (특별한 명령)

(75) 온정 (따뜻한 마음이나 인정)

(76) 원기 (만물의 근본의 힘, 심신의 정력)

(77) 졸연 (별안간, 갑자기)

[問 78-82] 다음 ( ) 안에 알맞은 漢字(正
字)를 써서 四字成語를 완성하시오.

(78) 有備無( ) : 미리 준비가 되어 있
으면 걱정할 것이 없음

(79) 前代未(　　) : 이제까지 들어본 적
　　이 없는 일

(80) 眼(　　)無人 : 방자하고 교만하여
　　다른 사람을 업신여김

(81) (　　)誠感天 : 정성이 지극하면 하
　　늘도 감동하게 된다

(82) 風(　　)燈火 : 사물이 매우 위태로
　　운 처지에 놓여 있음

[問 83-85] 다음 漢字와 뜻이 反對 또는 相
對되는 漢字(正字)를 (　) 안에 넣어 漢字語
를 완성하시오.

(83) 虛(　) : 허함과 실함

(84) 豊(　) : 풍년과 흉년

(85) (　)配 : 모음과 나눔

[問 86-88] 다음 漢字와 뜻이 같거나 비슷
한 漢字(正字)를 (　) 안에 넣어 漢字語를 완
성하시오.

(86) (　)求 사항을 전달

(87) 올해 年(　)가 어떻게 되시는지?

(88) 타고난 心(　)이 착하다

[問 89-91] 다음 漢字語와 讀音이 같은 漢
字語가 되도록 (　) 안에 漢字(正字)를 쓰되,
제시된 뜻에 맞추시오.

(89) 事故 - (　　)考 : 생각하고 궁리함

(90) 賞品 - (　　)品 : 사고파는 물품

(91) 消火 - 消(　　) : 먹은 음식을 분해
　　하는 것

[問 92-94] 다음 漢字의 略字(약자:획수를
줄인 한자)를 쓰시오.

(92) 區

(93) 禮

(94) 讀

[問 95-97] 다음 漢字의 部首를 쓰시오.

(95) 務

(96) 未

(97) 拜

[問 98-100] 다음 漢字語의 일반적인 뜻을
쓰시오.

(98) 殺伐

(99) 未滿

(100) 密告

第5回 漢字能力檢定試驗　4級II 問題紙

[問 1-20] 다음 글에서 밑줄 친 단어 중 한글로 표기된 것은 漢字(正字)로, 漢字로 표기된 것은 한글로 고쳐 쓰시오.

○ 씨앤톡 그룹은 올해 신규 채용 규모를 전년 대비 두 배 水準(1)으로 대폭 확대 施行(2)한다. 신입(3)社員(4) 공채, 經歷(5)직 채용 등 다양한 常時(6) 인재(7) 채용 프로그램을 施行 중에 있으며 지난해에는 전년보다 약 50% 增加(8)한 150명의 신입 社員을 채용한 바 있다. 씨앤톡 그룹은 금년(9) 상반기와 하반기 두 次例(10)의 신입 社員 공개(11) 채용과 지난해 처음 導入(12)한 實務(13)형 인턴십 프로그램인 '서바이벌 프론티어 프로그램'을 통해 총 300명의 신규 인력을 確保(14)할 계획이다.

서류(15) 접수는 오는 6월 25일(일) 오후(16) 4시까지 그룹 홈페이지를 통해 진행하고 있으며 서류 심사와 분야(17)별 면접의 절차를 거쳐 최종 합격(18)자를 발표(19)한다.

지원 자격은 정규대학 · 대학원 졸업(20) 예정자 및 기졸업자로 병역필 또는 면제자여야 한다.

[問 21 –45] 다음 문장에서 밑줄 친 漢字語의 讀音을 쓰시오.

(21) 오늘 배가 들어온다고 假定해 보자

(22) 자신의 器量을 마음껏 발휘하시기 바랍니다.

(23) 적금 滿期일이 다가온다.

(24) 豫防 접종을 위해 병원을 찾았다.

(25) 隊列을 정돈하고 출발 준비를 하라.

(26) 대학 入試 제도 개선

(27) 분위기가 殺伐하구나

(28) 동절기 대비 暖房 기구 할인

(29) 念佛보다는 잿밥

(30) 해결책을 講究해 보자.

(31) 斷食 투쟁

(32) 역사에 記錄되어 있는 사실

(33) 고난의 連續

(34) 靑銅으로 만들어진 유물

(35) 綠豆 빈대떡

(36) 바이올린의 거장 손의준 선생을 師事했다.

(37) 엄마야 누나야 江邊 살자

(38) <u>平床</u>에 드러누워 낮잠을 잤다.

(39) 체포 <u>令狀</u>이 발부되었다.

(40) 공중 <u>衛生</u>에 특별히 신경을 써야 한다.

(41) <u>宮中</u>의 지엄한 법도

(42) 자동으로 <u>應答</u>하는 기계

(43) 답안지를 <u>提出</u>하세요.

(44) <u>監督</u>은 배우에게 다가갔다.

(45) 카드 대금 <u>請求</u>서

[問 46-67] 다음 漢字의 訓과 흡을 쓰시오.

(46) 往

(47) 貧

(48) 怒

(49) 俗

(50) 銃

(51) 背

(52) 誤

(53) 減

(54) 取

(55) 導

(56) 祭

(57) 講

(58) 婦

(59) 肉

(60) 脈

(61) 鄕

(62) 員

(63) 造

(64) 好

(65) 測

(66) 程

(67) 星

[問 68-77] 다음 문장에서 밑줄 친 漢字語를 漢字(正字)로 쓰시오.

(68) <u>학력</u> 위조 사실이 드러나다

(69) 나의 예상이 <u>적중</u>했다.

(70) <u>객석</u>에서 뜨거운 박수가 터져 나왔다.

(71) 일고수 이<u>명창</u>

(72) <u>사회</u>봉사 50시간

(73) 당신은 너무 <u>이기</u>적이다.

(74) 대한<u>독립</u>만세

(75) 함께 하자던 <u>약속</u>

(76) 승진한다는 <u>소문</u>이 들린다.

(77) 다양한 <u>종류</u>의 동물들

[問 78-82] 다음 (   ) 안에 알맞은 漢字(正字)를 써서 四字成語를 완성하시오.

(78) 牛耳(   )經

(79) 以(   )治(   )

(80) 二律背(　)

(81) (　)果應報

(82) 自(　)至終

[問 83-85] 다음 漢字와 뜻이 反對 또는 相對되는 漢字(正字)를 ( ) 안에 넣어 漢字語를 완성하시오.

(83) (　)夜 : 밤낮

(84) 得(　) : 얻고 잃음

(85) (　)暗 : 밝고 어두움

[問 86-88] 다음 漢字와 뜻이 같거나 비슷한 漢字(正字)를 ( ) 안의 소리에 맞게 넣어 漢字語를 완성하시오.

(86) 律(법)

(87) 卒(병)

(88) 認(식)

[問 89-91] 다음 漢字語와 讀音이 같은 漢字語가 되도록 ( ) 안에 漢字(正字)를 쓰되, 제시된 뜻에 맞추시오.

(89) 詩人 - (　)認 : 옳다고 인정함

(90) 實例 - (　)禮 : 언행이 예의에 벗어남

(91) 延長 - (　)長 : 서로 비교해 보아 나이가 많음

[問 92-94] 다음 漢字의 略字(약자:획수를 줄인 한자)를 쓰시오.

(92) 畫

(93) 鐵

(94) 爭

[問 95-97] 다음 漢字의 部首를 쓰시오.

(95) 報

(96) 師

(97) 舍

[問 98-100] 다음 漢字語의 일반적인 뜻을 쓰시오.

(98) 牧場

(99) 寶位

(100) 備品

第6回 漢字能力檢定試驗 4級II 問題紙

[問 1-14] 다음 글에서 밑줄 친 단어 중 한글로 표기된 것은 漢字(正字)로, 漢字로 표기된 것은 한글로 바꾸어 쓰시오.

○ 당신(1)이라면 똑같은 상황에서 <u>平素</u>의(2) 신념을(3) 지킬 수 있겠는가.

○ <u>野黨</u>과의(4) <u>連帶</u>를(5) 선택했던 그의 판단은 결국(6) 분열된 <u>國論</u>을(7) <u>統一</u>시키는(8) 변화의(9) 계기를 마련하였다.

○ 집회에(10) 참석한(11) 사람들은 공정한(12) 재판을 요구하며 <u>街頭</u>(13) <u>行進</u>을(14) 벌였다.

[問 15-42] 다음 문장에서 밑줄 친 漢字語의 讀音을 쓰시오.

(15) 용모 <u>端正</u>하고 예의 바른 그 아이

(16) 외국인 <u>留學</u>생을 위한 장학금 제도

(17) 그는 과감한 정면 돌파를 <u>試圖</u>했다

(18) <u>高聲</u>과 막말이 오갔다.

(19) <u>未決</u> 서류는 따로 모아 놓으세요.

(20) 이것이 나의 마지막 <u>提案</u>이다.

(21) 회의를 <u>續開</u>해야 한다.

(22) <u>背後</u> 세력을 밝혀야 한다.

(23) <u>低空</u> 비행

(24) <u>解毒</u>제를 맞지 않으면 생명이 위태롭다

(25) <u>護國</u> 영령들의 돌보심

(26) <u>警告</u>-수영 금지

(27) <u>早急</u>한 성격을 고쳐야 한다.

(28) <u>得男</u>을 축하합니다.

(29) <u>貧民</u> 구제 사업

(30) 직원들을 위한 <u>舍宅</u> 건설

(31) 탐관오리는 자신의 <u>權勢</u>를 악용한다.

(32) <u>嚴格</u>한 아버님과 인자하신 어머니

(33) 당신의 장점을 열 가지만 <u>列擧</u>해 보시오.

(34) <u>精誠</u>을 다해 모시겠습니다.

(35) 이 건물을 <u>設計</u>한 사람이 궁금하다.

(36) 사회 <u>保障</u> 제도

(37) 목표 <u>達成</u>을 위해 노력하자.

(38) 연이은 사업 실패로 인한 <u>破産</u>

(39) 우리 회사 <u>創立</u> 기념일

(40) 외교통상부가 지정한 여행 <u>禁止</u> 국가

(41) <u>退職</u> 후의 계획이 있습니까?

(42) 그의 <u>細心</u>한 배려에 감동했다.

(43) 鳥

(44) 務

(45) 監

(46) 擔

(47) 置

(48) 府

(49) 將

(50) 收

(51) 波

(52) 應

(53) 航

(54) 邊

(55) 宮

(56) 尊

(57) 包

(58) 議

(59) 確

(60) 係

(61) 是

(62) 牧

(63) 助

(64) 豐

[問 65-77] 다음의 漢字語를 (   ) 속의 뜻풀이를 참조하여 漢字(正字)로 쓰시오.

(65) 반면 (한 면의 절반)

(66) 주의 (마음에 새겨 두고 조심함)

(67) 기호 (어떠한 뜻을 나타내기 위하여 쓰이는 부호, 문자 등)

(68) 낭독 (소리 높여 읽음)

(69) 광고 (널리 알림)

(70) 결정 (행동이나 태도를 분명히 정함)

(71) 순산 (산모가 아무 탈 없이 아이를 낳음)

(72) 동남 (남자아이)

(73) 사례 (이전에 실제로 일어난 예)

(74) 용기 (씩씩하고 굳센 기운)

(75) 구면 (예전부터 알고 있는 처지 혹은 사람)

(76) 주간 (낮)

(77) 병사 (군인, 군대)

[問 78-82] 다음 (   ) 안에 알맞은 漢字(正字)를 써서 四字成語를 완성하시오.

(78) 一波(   )波 : 하나의 물결이 수많은 물결을 일으킴

(79) 自(   )不息 : 스스로 힘써 몸과 마음을 가다듬어 쉬지 아니함

(80) (   )言逆耳 : 바른 말은 귀에 거슬림

(81) 寸鐵(　　)人 : 간단한 말로도 남을
　　감동시키거나 남의 약점을 찌를 수
　　있음

(82) 一擧兩(　　) : 한 가지 일을 하여 두
　　가지 이익을 얻음

[問 83-85] 다음 漢字와 뜻이 反對 또는 相
對되는 漢字(正字)를 (　) 안에 넣어 漢字語
를 완성하시오.

(83) 起(　) : 처음과 끝

(84) 新(　) : 옛것과 새것

(85) (　)逆 : 순종과 거역

[問 86-88] 다음 漢字와 뜻이 같거나 비슷
한 漢字(正字)를 (　) 안에 넣어 漢字語를 완
성하시오.

(86) 너와 내가 맺은 約(　)

(87) 전선을 (　)斷하다

(88) 旅(　)선을 타고 가다

[問 89-91] 다음 漢字語와 讀音이 같은 漢
字語가 되도록 (　) 안에 漢字(正字)를 쓰되,
제시된 뜻에 맞추시오.

(89) 最高 - 最(　　) : 가장 오래됨

(90) 改量 - 改(　　) : 나쁜 점을 보완하
　　여 좋게 고침

(91) 競技 - 景(　　) : 매매나 거래에 나
　　타나는 호황, 불황 따위의 경제 상태

[問 92-94] 다음 漢字의 略字(약자:획수를
줄인 한자)를 쓰시오.

(92) 擧

(93) 藥

(94) 來

[問 95-97] 다음 漢字의 部首를 쓰시오.

(95) 狀

(96) 聖

(97) 素

[問 98-100] 다음 漢字語의 일반적인 뜻을
쓰시오.

(98) 非行

(99) 誠金

(100) 掃除

第7回 漢字能力檢定試驗　4級II 問題紙

[問 1-20] 다음 글에서 밑줄 친 단어 중 한글로 표기된 것은 漢字(正字)로, 漢字로 표기된 것은 한글로 고쳐 쓰시오.

○ 택지(1) 분양 過程(2)에서 일부(3) 고위층에게 特惠(4)를 제공했다는 의혹이 提起(5)되어 論難(6)이 일고 있다. 論難의 發端(7)이 된 이 인사는 當初(8) 혐의 사실을 是認(9)하지 않고 여론을 무마하려 하였으나 분노한 시민들의 거센 항의로 결국(10) 사퇴하는 地境(11)에까지 이르게 되었다.

○ 지난 4년간의 대학생활의 결실(12)을 맺기 위해서는 이번 학기말 試驗(13)을 잘 치러야 한다. 학점을 짜게 주기로 소문난 과목이 〈광고(14)의 역사(15)〉 과목(16)인데 졸업(17)에 要求(18)되는 학점을 취득하려면 과거 기출 문제를 통해 실전처럼 연습(19)해 보는 것이 효과(20)적이라고 한다.

[問 21-45] 다음 문장에서 밑줄 친 漢字語의 讀音을 쓰시오.

(21) 配達 업체의 실수로 분실된 것으로 보인다.

(22) 이백은 시선, 두보는 詩聖으로 불린다.

(23) 句節 하나하나에 임을 향한 연정이 느껴진다.

(24) 檀君 신화

(25) 탁월한 眼目의 소유자

(26) 죄를 조사하여 엄격하게 處罰하라.

(27) 임진왜란 당시 義兵들의 활약상

(28) 鄉土 음식 전문점

(29) 정중히 謝過하세요.

(30) 해가 지자 거리는 五色燈으로 빛나기 시작했다.

(31) 빈민 救濟 사업

(32) 서둘러 상부에 報告하시오.

(33) 稅金을 성실하게 납부하는 모범 시민

(34) 공원을 새로 만들면서 造景에 신경을 많이 썼다.

(35) 이건 싸구려 複製品이다.

(36) 이렇게 해서는 收支가 맞지 않는다.

(37) 자기에게 利益이 되지 않는 일은 모두 거절했다.

(38) 너의 <u>態度</u>가 마음에 든다.

(39) <u>深夜</u> 우등 버스

(40) <u>暴惡</u>한 독재자에 항거하다.

(41) 총리는 홍수 피해 지역에 <u>視察</u>을 나왔다.

(42) 일을 시작하기 전에 충분한 <u>準備</u>가 필요하다.

(43) 이 댁의 <u>戶主</u>가 누구십니까

(44) 손톱 <u>掃除</u> 용구

(45) <u>貯蓄</u>해 둔 돈을 모두 써버렸다.

[問 46-67] 다음 漢字의 訓과 音을 쓰시오.

(46) 引

(47) 未

(48) 宗

(49) 暖

(50) 息

(51) 齒

(52) 液

(53) 斗

(54) 精

(55) 解

(56) 提

(57) 守

(58) 指

(59) 請

(60) 單

(61) 護

(62) 走

(63) 慶

(64) 移

(65) 麗

(66) 障

(67) 試

[問 68-77] 다음 문장에서 밑줄 친 漢字語를 漢字(正字)로 쓰시오.

(68) <u>견문</u>을 넓히다.

(69) <u>원기</u> 왕성한 젊은이들

(70) 시가 천만 원 <u>상당</u>의 핸드백

(71) <u>최상</u>의 품질

(72) <u>각계</u>각층의 관심이 필요하다.

(73) <u>전당</u>포에 시계를 맡기다.

(74) 자리에 <u>착석</u>해 주시기 바랍니다.

(75) 겨울철 <u>의복</u>을 손질하여 두다.

(76) 고된 <u>연습</u>과 훈련의 결과

(77) 그는 막대한 <u>재산</u>을 가지고 있다.

[問 78-82] 다음 (   ) 안에 알맞은 漢字(正字)를 써서 四字成語를 완성하시오.

(78) 人生(   )常

(79) 安貧（　　）道

(80) 天人（　　）怒

(81) 進退（　　）難

(82) 一脈相（　　）

[問 83-85] 다음 漢字와 뜻이 反對 또는 相對되는 漢字(正字)를 （　） 안에 넣어 漢字語를 완성하시오.

(83) （　　）圓 : 모진 것과 둥근 것

(84) 吉（　　） : 길한 것과 흉한 것

(85) 古（　　） : 옛날과 지금

[問 86-88] 다음 漢字와 뜻이 같거나 비슷한 漢字(正字)를 （　） 안의 소리에 맞게 넣어 漢字語를 완성하시오.

(86) 談(화)

(87) 器(구)

(88) (경)都

[問 89-91] 다음 漢字語와 讀音이 같은 漢字語가 되도록 （　） 안에 漢字(正字)를 쓰되, 제시된 뜻에 맞추시오.

(89) 科擧 - （　　）去 : 이미 지나간 때

(90) 極端 - 劇（　　） : 연극을 전문으로 공연하는 단체

(91) 房門 - 訪（　　） : 사람을 만나러 장소를 찾아가 만나봄

[問 92-94] 다음 漢字의 略字(약자:획수를 줄인 한자)를 쓰시오.

(92) 觀

(93) 寫

(94) 會

[問 95-97] 다음 漢字의 部首를 쓰시오.

(95) 承

(96) 壓

(97) 榮

[問 98-100] 다음 漢字語의 일반적인 뜻을 쓰시오.

(98) 談笑

(99) 是非

(100) 續篇

第8回 漢字能力檢定試驗 4級II 問題紙

[問 1-14] 다음 글에서 밑줄 친 단어 중 한글로 표기된 것은 漢字(正字)로, 漢字로 표기된 것은 한글로 바꾸어 쓰시오.

○ 인간의 限界(1)를 극복하고 신의 境地(2)에 到達(3)하려는 것일까요? 오늘도 신기록을 위해 자신과의 지루하고 끝없는 싸움을 계속하고 있는 올림픽 대표(4) 선수들. 그들의 훈련(5) 過程(6)을 자세히 觀察(7)해 보기 위해 태릉선수촌으로 가 보겠습니다. 힘찬 기합(8) 소리. 하늘을 찌를 듯한 함성. 흐르는 땀방울을 닦아 낼 겨를조차 없이 不斷(9)의 노력을 기울이고 있는 우리의 태극 전사(10)들! 이들의 결의(11)에 찬 표정을 보면 外部(12)와의 싸움이 아니라 결국(13) 자신과의 싸움이란 생각에 절로 尊敬(14)심이 드실 것입니다.

[問 15-42] 다음 문장에서 밑줄 친 漢字語의 讀音을 쓰시오.

(15) 그의 행동이 무척 可笑로웠다.

(16) 대학 祝祭에 가서 공연을 봤다.

(17) 寸陰을 아껴 문제를 출제하다.

(18) 천체의 움직임을 觀測해 보자.

(19) 暗室에서 사진 인화 작업 중이다.

(20) 強制로 청소를 시키는 것은 곤란하다.

(21) 우리 여객선 옆으로 거대한 貨物선이 지나가고 있었다.

(22) 채식 爲主의 식생활

(23) 그 성당은 100년에 걸쳐 建築되고 있다.

(24) 정신적 快樂을 추구하다.

(25) 志操를 지키는 선비의 풍모

(26) 자동차를 修理해야 한다.

(27) 수상한 사람을 보면 申告하세요.

(28) 누가 나를 保護해 주지?

(29) 과도한 부정은 긍정으로 誤解된다.

(30) 인구가 나날이 減少하고 있다.

(31) 目錄에 적힌 것과 대조해 보자.

(32) 상처에서 出血이 심하다.

(33) 面接 시험장에는 단정한 복장으로 가거라.

(34) 城門을 들어서면 시장이 나온다.

(35) 境內에서는 정숙해 주십시오.

(36) 맡은 바 職分을 다하여야 한다.

(37) 그는 어려서부터 <u>虛弱</u> 체질이었다.

(38) 아이들에게 <u>有益</u>한 책을 추천해 주세요.

(39) <u>所得</u>의 일부분을 기부한다.

(40) 우리의 <u>要求</u> 사항을 전달하겠습니다.

(41) 선거를 통한 <u>政權</u>의 획득

(42) 장학금을 <u>申請</u>하다.

[問 43–64] 다음 漢字의 訓과 音을 쓰시오.

(43) 警

(44) 施

(45) 連

(46) 檀

(47) 步

(48) 貨

(49) 罰

(50) 砲

(51) 論

(52) 忠

(53) 次

(54) 燈

(55) 博

(56) 黨

(57) 協

(58) 際

(59) 銅

(60) 破

(61) 起

(62) 至

(63) 戶

(64) 認

[問 65–77] 다음의 漢字語를 (　) 속의 뜻풀이를 참조하여 漢字(正字)로 쓰시오.

(65) 우천 (비가 오는 날씨)

(66) 고금 (예전과 지금)

(67) 신선 (새롭고 산뜻함)

(68) 각도 (생각의 방향이나 관점)

(69) 주간 (한 주일 동안)

(70) 통념 (일반적으로 널리 통하는 개념)

(71) 물산 (그 지방에서 생산되는 물품)

(72) 동창 (한 학교에서 공부한 사이)

(73) 과업 (꼭 하여야 할 일, 임무)

(74) 향방 (향하여 나가는 방향)

(75) 방심 (마음을 풀어 놓아 버림)

(76) 영원 (끝없이 이어짐, 변하지 아니함)

(77) 계산 (수를 헤아림)

[問 78-82] 다음 ( ) 안에 알맞은 漢字(正字)를 써서 四字成語를 완성하시오.

(78) 衆( )難防으로 떠들어대다.

(79) 혼자만 好( )好食해서 되겠는가.

(80) 이곳은 ( )肉強食의 법칙이 지배하는 세계

(81) 신입사원에게 부장직을 맡기다니, 言( )道斷이다.

(82) 그 친구와 나는 竹馬故( )이다.

[問 83-85] 다음 漢字와 뜻이 反對 또는 相對되는 漢字(正字)를 ( ) 안에 넣어 漢字語를 완성하시오.

(83) 苦( ) : 고통과 즐거움

(84) ( )低 : 높고 낮음

(85) 問( ) : 묻고 답함

[問 86-88] 다음 漢字와 뜻이 같거나 비슷한 漢字(正字)를 ( ) 안의 소리에 맞게 넣어 漢字語를 완성하시오.

(86) 虛( )을 가르다

(87) ( )去와 현재

(88) 想( )에 잠기다

[問 89-91] 다음 漢字語와 讀音이 같은 漢字語가 되도록 ( ) 안에 漢字(正字)를 쓰되, 제시된 뜻에 맞추시오.

(89) 報道 - ( )道 : 보행자의 통행에

사용되는 길

(90) 父子 - ( )者 : 돈이 많은 사람

(91) 首相 - ( )賞 : 상을 받음

[問 92-94] 다음 漢字의 略字(약자:획수를 줄인 한자)를 쓰시오.

(92) 黑

(93) 體

(94) 醫

[問 95-97] 다음 漢字의 部首를 쓰시오.

(95) 義

(96) 精

(97) 早

[問 98-100] 다음 漢字語의 일반적인 뜻을 쓰시오.

(98) 承服

(99) 實施

(100) 亦是

第9回 漢字能力檢定試驗 4級II 問題紙

[問 1-20] 다음 글에서 밑줄 친 단어 중 한글로 표기된 것은 漢字(正字)로, 漢字로 표기된 것은 한글로 고쳐 쓰시오.

○ 라디오 또는 텔레비전을 통하여 音聲(1)이나 영상을 電波(2)로 내보내는 것을 放送(3)이라고 한다. 특정(4) 지역을 대상으로 유선(5)으로 施行(6)하는 것을 포함하기도 한다. 방송 프로그램은 受信(7)자들에게 강력(8)한 영향력을 행사(9)한다. 때문에 방송 프로그램을 제작하는 사람들은 도덕(10)성과 책임(11)감을 지니고 프로그램을 제작하여야 한다. 반면(12)에 공중(13)으로 전파되는 즉시 소멸되는, 시간(14)의 經過(15)에 至極(16)히 취약한 특성 역시 가지고 있다.

○ 일체(17)의 생각이 없어 무아의 境地(18)에 到達(19)하여 일체의 想念(20)이 없음을 無念無想이라 한다.

[問 21-45] 다음 문장에서 밑줄 친 **漢字語**의 **讀音**을 쓰시오.

(21) 물의를 빚은 국회의원의 除名 징계안이 제출되었다.

(22) 授業 시간에 졸면 안 된다.

(23) 書藝 학원에서 한자도 가르치나요?

(24) 呼名된 사람은 앞으로 나오세요.

(25) 오늘 그녀의 의상은 너무나 破格적이었다.

(26) 경기장은 觀衆들로 붐볐다.

(27) 고양이의 報恩

(28) 容認될 수 없는 잘못을 저지르다.

(29) 蟲齒는 빨리 치료할수록 좋다.

(30) 내 視線을 피하는 이유가 뭐냐.

(31) 그런 행사에 학생까지 動員하다니!

(32) 근로 協約에 따라, 작업 환경을 개선하기로 했다.

(33) 어린아이처럼 純眞하다.

(34) 政事를 의논하다.

(35) 어젯밤 流星이 떨어지는 것을 보았니?

(36) 逆境을 딛고 금메달을 목에 건 선수

(37) 그는 나의 指示를 따랐을 뿐 죄가 없다.

(38) 勢力이 강한 쪽에 붙다.

(39) 이것은 명백한 인권 侵害이다.

(40) 이것은 <u>羊毛</u>로 만들어진 코트입니다.

(41) <u>到處</u>에 적이 도사리고 있다.

(42) <u>忠誠</u>을 다할 것을 굳게 다짐합니다.

(43) 자원이 <u>豐富</u>한 나라

(44) 간 <u>移植</u> 수술

(45) <u>故意</u>로 저지른 일은 아니다.

[問 46-67] 다음 漢字의 訓과 音을 쓰시오.

(46) 帶

(47) 羅

(48) 難

(49) 訪

(50) 壓

(51) 極

(52) 報

(53) 端

(54) 律

(55) 伐

(56) 列

(57) 惠

(58) 暗

(59) 製

(60) 統

(61) 低

(62) 圓

(63) 進

(64) 謝

(65) 蓄

(66) 素

(67) 暴

[問 68-77] 다음 문장에서 밑줄 친 漢字語를 漢字(正字)로 쓰시오.

(68) 행사장에 <u>운집</u>한 선남선녀들

(69) <u>필기</u>시험과 실기시험

(70) 어두운 밤이라 <u>식별</u>하기가 쉽지 않다.

(71) 경로사상의 <u>고취</u>

(72) 그 <u>이상</u>도 이하도 아니다.

(73) '視(볼 시)'의 <u>부수</u>는 '見(볼 견)'이다.

(74) 산후 <u>조리</u>를 잘 해야 한다.

(75) 그녀의 수줍은 <u>고백</u>

(76) <u>설화</u> 속 주인공의 이야기

(77) 일찍 성공할 <u>관상</u>이다.

[問 78-82] 다음 ( ) 안에 알맞은 漢字(正字)를 써서 四字成語를 완성하시오.

(78) 自(　　)自得

(79) (　　)事求是

(80) 呼兄呼(　　)

(81) 一言(　　)句

(82) 四(　　)八達

[問 83-85] 다음 漢字와 뜻이 反對 또는 相對되는 漢字(正字)를 (　) 안에 넣어 漢字語를 완성하시오.

(83) (　)敗 : 이기고 짐

(84) (　)末 : 처음과 끝

(85) 曲(　) : 굽고 곧음

[問 86-88] 다음 漢字와 뜻이 같거나 비슷한 漢字(正字)를 (　) 안의 소리에 맞게 넣어 漢字語를 완성하시오.

(86) (봉)承

(87) 善(량)

(88) (광)博

[問 89-91] 다음 漢字語와 讀音이 같은 漢字語가 되도록 (　) 안에 漢字(正字)를 쓰되, 제시된 뜻에 맞추시오.

(89) 史記 – (　　)氣 : 의욕이나 자신감 따위로 충만하여 굽힐 줄 모르는 자세

(90) 社說 – (　　)設 : 개인이나 민간에서 설립함

(91) 修道 – (　　)都 : 한 나라의 중앙 정부가 있는 도시

[問 92-94] 다음 漢字의 略字(약자:획수를 줄인 한자)를 쓰시오.

(92) 學

(93) 號

(94) 發

[問 95-97] 다음 漢字의 部首를 쓰시오.

(95) 走

(96) 眞

(97) 包

[問 98-100] 다음 漢字語의 일반적인 뜻을 쓰시오.

(98) 視界

(99) 眼目

(100) 申告

第10回 漢字能力檢定試驗 4級II 問題紙

[問 1-14] 다음 글에서 밑줄 친 단어 중 한글로 표기된 것은 漢字(正字)로, 漢字로 표기된 것은 한글로 바꾸어 쓰시오.

○ 광대(1)한 만주 벌판을 달리던 우리 조상들의 進取(2)적이고 創造(3)적인 기상의 흔적들을 到處(4)에서 발견(5)할 수 있다. 음악(6)과 풍류(7)를 즐길 줄 아는 멋이 있었고, 격식(8)에 얽매이지 아니하는 자유(9)분방함이 있었다. 未來(10)에 대한 전망(11)으로 내일을 準備(12)했던 선조들의 傳統(13)은 오늘날에도 그 命脈(14)을 이어가고 있다.

[問 15-42] 다음 문장에서 밑줄 친 漢字語의 讀音을 쓰시오.

(15) 신분증이 없으면 출입이 際限됩니다.

(16) 그녀가 나에게 好感을 가지고 있는 듯하다.

(17) 우수 사원에 대한 施賞식이 있겠습니다.

(18) 계약금으로 얼마 程度 드리면 되나요?

(19) 직접 용의자를 取調하기로 했다.

(20) 자신의 죄를 是認했다.

(21) 무대를 設置하고 있습니다.

(22) 우리 팀이 壓勝을 거뒀다.

(23) 까치는 吉鳥로 알려져 있다.

(24) 이번 달 收入이 곱절로 늘었다.

(25) 體驗 학습을 위해 동물원에 갔다.

(26) 요즘은 詩集을 사는 독자가 많지 않다.

(27) 天惠의 자원

(28) 玉體를 보중하옵소서

(29) 守備가 허술하다.

(30) 박물관 내에서는 촬영은 許容되지 않아요.

(31) 핵 시설을 查察하다.

(32) 포격이 끝나고 步兵들의 공격이 시작되었다.

(33) 결혼식이 盛大하게 치러졌다.

(34) 協同 작업의 효과

(35) 하늘에는 榮光, 땅에는 평화!

(36) 速報에 따르면 지진이 일어났다고 한다.

(37) 이 노래에 맞는 깜찍한 律動을 준비했다.

(38) <u>餘談</u>이지만, 그는 아직 미혼이다.

(39) 고로쇠 <u>樹液</u>이 몸에 좋다고 한다.

(40) <u>次例</u>대로 차에 타세요.

(41) <u>房門</u>은 안에서 잠겨 있었다.

(42) 해외여행 <u>缺格</u> 사유가 없어야 합니다.

[問 43-64] 다음 漢字의 訓과 音을 쓰시오.

(43) 寶

(44) 勢

(45) 得

(46) 創

(47) 密

(48) 達

(49) 兩

(50) 斷

(51) 拜

(52) 呼

(53) 器

(54) 謠

(55) 票

(56) 狀

(57) 侵

(58) 眞

(59) 復

(60) 益

(61) 布

(62) 錄

(63) 衆

(64) 隊

[問 65-77] 다음의 漢字語를 ( ) 속의 뜻풀이를 참조하여 漢字(正字)로 쓰시오.

(65) 우군 (같은 편인 군대)

(66) 일체 (모든 것)

(67) 세월 (흘러가는 시간)

(68) 단결 (많은 사람이 마음과 힘을 하나로 뭉침)

(69) 여로 (여행길)

(70) 상점 (물건을 파는 곳)

(71) 지식 (알고 있는 내용이나 사물)

(72) 고속 (매우 빠른 속도)

(73) 성품 (사람의 성질이나 됨됨이)

(74) 택지 (집을 지을 땅)

(75) 아동 (어린아이)

(76) 과다 (너무 많음)

(77) 충실 (내용이 알차고 단단함)

[問 78-82] 다음 ( ) 안에 알맞은 漢字(正字)를 써서 四字成語를 완성하시오.

(78) 非一非(   ) : 같은 현상이나 일이 한두 번이나 한둘이 아니고 많음

(79) 權不(　　)年 : 아무리 높은 권세라
　　도 10년을 가지 못함

(80) (　　)時風俗 : 예로부터 해마다 관
　　례로서 행하여지는 전승적 행사

(81) 得(　　)滿面 : 일이 뜻대로 이루어
　　져 기쁜 표정이 얼굴에 가득함

(82) (　　)不將軍 : 무슨 일이든 제 생각
　　대로 혼자서 처리하는 사람

[問 83-85] 다음 漢字와 뜻이 反對 또는 相
對되는 漢字(正字)를 (　) 안에 넣어 漢字語
를 완성하시오.

(83) 去(　) : 오고 감

(84) (　)官 : 민간과 관공

(85) (　)背 : 좇는 것과 등지는 것

[問 86-88] 다음 漢字와 뜻이 같거나 비슷
한 漢字(正字)를 (　) 안에 넣어 漢字語를 완
성하시오.

(86) 자세히 (　)察해 보아라.

(87) 대(　)圓의 막을 내리다.

(88) 나는 그런 部(　)로 취급하지 않았
　　으면 좋겠다.

[問 89-91] 다음 漢字語와 讀音이 같은 漢
字語가 되도록 (　) 안에 漢字(正字)를 쓰되,
제시된 뜻에 맞추시오.

(89) 市場 - 市(　　) : 시를 대표하는 책
　　임자

(90) 晝間 - (　　)間 : 한 주일 동안

(91) 戰力 - (　　)歷 : 과거의 경력

[問 92-94] 다음 漢字의 略字(약자:획수를
줄인 한자)를 쓰시오.

(92) 實

(93) 惡

(94) 萬

[問 95-97] 다음 漢字의 部首를 쓰시오.

(95) 豐

(96) 香

(97) 回

[問 98-100] 다음 漢字語의 일반적인 뜻을
쓰시오.

(98) 如前

(99) 餘力

(100) 往年

第1回 漢字能力檢定試驗 4級 問題紙

[問 1-32] 다음 밑줄 친 漢字語의 讀音을 쓰시오.

○ 刻苦(1)의 시간을 보낸 끝에 休暇(2)를 떠날 수 있게 되었다.

○ 김선생님은 思慮(3) 깊은 행동으로 여러 학생들을 善導(4)하였다.

○ 盛大(5)한 잔치를 열었던 정치인이 口舌數(6)에 오르게 되었다.

○ 異見(7)이 있으신 분은 儀式(8)이 시작되기 전에 단상 앞으로 나와 주시기 바랍니다.

○ 이 高層(9)건물의 지하에는 溫泉(10)이 흐른다.

○ 그 화가는 생전에 傑作(11)을 수없이 배출했지만 儉素(12)한 생활을 했다.

○ 이 수첩에는 영국 留學(13)에 필요한 人脈(14)들이 記錄(15)되어 있다.

○ 사립대의 入試(16) 전형료 收入(17)이 날로 증가하고 있다.

○ 敵軍(18)을 무찌른 功績(19)으로 錢穀(20)을 받았다.

○ 齒科(21) 醫師(22)가 나의 常態(23)를 보더니 苦痛(24)이 심할 것이라고 말했다.

○ 우리 故鄕(25)의 친척들은 집안 대대로 養鷄(26)업을 繼承(27)하고 있다.

○ 옆 강의실의 소음이 연주의 拍子(28)를 妨害(29)한다.

○ 이 地域(30)에서는 燃料(31)를 구하는 일이 容易(32)하다.

[問 33-54] 다음 漢字의 訓과 音을 쓰시오.

(33) 靜

(34) 判

(35) 群

(36) 窮

(37) 均

(38) 憤

(39) 粉

(40) 豫

(41) 迎

(42) 從

(43) 朱

(44) 顯

(45) 核

(46) 納

(47) 段

(48) 射

(49) 辭

(50) 源

(51) 委

(52) 珍

(53) 盡

(54) 讚

[問 55-57] 다음 漢字語 중 첫音節이 길게 發音되는 單語 셋을 찾아 그 번호를 쓰시오.

① 耳順 ② 開始 ③ 短命 ④ 直感 ⑤ 家族
⑥ 邊方 ⑦ 都市 ⑧ 頭目 ⑨ 獨身 ⑩ 強盜

[問 58-60] 다음 각 글자와 同訓字, 또는 뜻이 비슷한 漢字를 (　) 속에 적어 通用되는 單語를 만드시오.

(58) 強(　　)

(59) (　　)擊

(60) 孤(　　)

[問 61-63] 다음 각 글자의 反義字, 또는 뜻이 對立되는 漢字를 (　) 속에 적어 通用되는 單語를 만드시오.

(61) 溫(　　)

(62) (　　)落

(63) 師(　　)

[問 64-66] 다음 漢字의 部首를 쓰시오.

(64) 打

(65) 與

(66) 留

[問 67-69] 다음 漢字를 널리 쓰이는 略字로 고치시오.

(67) 擇

(68) 價

(69) 體

[問 70-72] 다음 單語의 同音異義語를 漢字로 쓰되, 제시된 뜻에 맞추시오. 〈단, 경음(硬音)과 평음(平音), 장음(長音)과 단음(短音)의 차이는 무시함〉

(70) (家系) : 한 집안 살림의 수입과 지출의 상태

(71) (事由) : 개인의 소유

(72) (食水) : 나무를 심음

[問 73-75) 다음 한자어의 뜻을 풀이하시오.

(73) 或者 :

(74) 主管 :

(75) 雜技 :

[問 76-80] 다음 사자성어가 완성되도록 (　) 속의 글자를 漢字로 쓰시오.

(76) 驚天(　　)地

(77) 惡(　　)苦鬪

(78) 身言(　　)判

(79) 無(　　)徒食

(80) 鷄卵有(　　)

[問 81-85] 다음의 訓과 音으로 연결된 單語를 漢字로 쓰시오.

<보기>

나라 국 - 말씀 어 (國語)

(81) 대할 대 - 말씀 화 (　　　　)

(82) 머리 두 - 뿔 각 (　　　　)

(83) 나눌 분 - 업 업 (　　　　)

(84) 수레 차·거 - 쓸 비 (　　　　)

(85) 더울 열 - 마음 심 (　　　　)

[問 86-90] 다음 밑줄 친 單語를 漢字로 쓰시오.

○ 영재(86)란 평균(87) 이상의 지능(88),
  창의성(89), 과제집착력을 가진 사람
  으로 정의(90)한다.

[問 91-100] 다음 밑줄 친 單語 중 ① 漢字로 적힌 것은 讀音을 쓰고, ② 한글로 쓰인 것은 漢字로 고치고 ③ (　　) 속에는 적당한 말(訓이나 音)을 쓰시오.

○ 漢字에는 一字多音字 또는 多義字가 많이 있으니, 예컨대 '易'자는 (　　)(91) '이'와 (　　)(92) '역'의 두 가지 음으로 뜻에 따라 달라져, '難易度'(93)와 '易書'(94)의 讀音(독음)이 다른 것이다.

○ 이상(95) 기온으로 6월 한낮의 온도(96)가 30도를 웃도는 현상(97)을 보이고 있다.

○ 빚을 청산하기 위해서는 월급의 折半(98)을 떼어 積金(99)에 넣는 결단이 필요(100)하다.

第2回 漢字能力檢定試驗 4級 問題紙

[問 1-32] 다음 밑줄 친 漢字語의 讀音을 쓰시오.

(1) 放映

(2) 豫感

(3) 生存

(4) 從屬

(5) 險談

(6) 改革

(7) 完納

(8) 發射

(9) 委任

(10) 營業

(11) 私見

(12) 應援

(13) 危急

(14) 包圍

(15) 雜誌

(16) 賣盡

(17) 織物

(18) 珍貴

(19) 紅顏

(20) 混合

(21) 重厚

(22) 歡喜

(23) 簡便

(24) 如干

(25) 板刻

(26) 降雨

(27) 果敢

(28) 拒絶

(29) 觀覽

(30) 甘受

(31) 陳列

(32) 答辭

[問 33-35] 다음 한자어 중 첫음절이 길게 발음되는 단어 3개를 골라 그 번호를 쓰시오.

① 知識 ② 勤儉 ③ 着手 ④ 公正 ⑤ 範圍
⑥ 高音 ⑦ 落葉 ⑧ 登校 ⑨ 勞力 ⑩ 應援

[問 36-54] 다음 漢字의 訓과 音을 쓰시오.

(36) 稱

(37) 探

(38) 繼

(39) 鑛

(40) 穀

(41) 髮

(42) 辯

(43) 額

(44) 易

(45) 燃

(46) 整

(47) 組

(48) 評

(49) 避

(50) 與

(51) 拍

(52) 困

(53) 派

(54) 討

[問 55-74] 다음 밑줄 친 單語를 漢字로 바꾸어 쓰시오.

(55) 주야로 열심히 일하여 부자가 되었다.

(56) 주입식 교육을 벗어나야 한다.

(57) 국민들은 위기에 더욱 단결하게 된다.

(58) 경합을 벌여 최고를 가려내었다.

(59) 개발과 보존, 공생의 길을 찾다.

(60) 나의 말을 곡해하지 마시오.

(61) 그가 등장하자 모임이 즐거운 분위기로 바뀌었다.

(62) 지금부터 교과서를 낭독해 봅시다.

(63) 그곳에 가려면 여비가 너무 많이 든다.

(64) 상당한 양의 유물이 발견되었다.

(65) 그녀는 회장으로 선출되었다.

(66) 친선 경기로 화목을 다지다.

(67) 이 공연은 좌석이 정해져 있지 않다.

(68) 선두에 있는 버스가 우리 차입니다.

(69) 그날 비가 내린 것이 오히려 행운이었다.

(70) 사범대 교육과정을 보면 현장 교육이 부족하다.

(71) 원대한 꿈을 꾸어라.

(72) 원장님께서는 출타 중이십니다.

(73) 요즘에는 소장하고 싶은 양서가 별로 없다.

(74) 시일이 촉박하니 일에 빨리 착수하시오.

[問 75-77] 다음 漢字를 널리 쓰이는 略字로 고치시오.

(75) 變

(76) 廣

(77) 圖

[問 78-80] 다음 漢字語의 뜻을 쓰시오.

(78) 爆笑

(79) 源泉

(80) 全盛期

[問 81-83] 다음 각 글자와 뜻이 같거나 비슷한 漢字를 (　) 속에 적어 글 속의 單語를 완성하시오.

(81) 군중 속의 孤(　)

(82) 規(　)에 맞는 봉투

(83) 노력 끝에 얻은 (　)就

[問 84-86] 다음 각 글자와 뜻이 대립되는 漢字를 (　) 속에 적어 글 속의 單語를 完成하시오.

(84) 陰(　)의 조화

(85) 自(　)가 인정하는 달인

(86) 始(　)일관 웃음을 잃지 않다.

[問 87-89] 다음 漢字의 部首를 쓰시오.

(87) 將

(88) 富

(89) 武

[問 90-94] 다음 (　) 안에 알맞은 漢字를 적어 四字成語를 完成하시오.

(90) (　)機一轉

(91) (　)不識丁

(92) 事必歸(　)

(93) (　)房甘草

(94) (　)朱者赤

[問 95-97] 다음 單語의 同音異義語를 漢字로 쓰되, 제시된 뜻에 맞추시오.

(95) (監査) : 고마움을 나타내는 인사

(96) (辭典) : 어떤 일이 있기 전

(97) (一定) : 그날에 해야 할 일

[問 98-100] 다음 문장의 밑줄 친 부분을 漢字로 쓰시오.

가을은 독서의 계절(98)이다. 그것은 무슨 습관이나 제도(99)로서가 아니라, 자연과 人事(인사)가 독서에 適宜(적의)하게 되는 까닭이다. 자연으로는 긴 여름의 괴로운 더위를 지나서 맑은 기운과 서늘한 바람이 비롯되는 때요, 인사로는 자연의 그것을 따라서 百事鞅掌(백사앙장)한 여름 동안에 땀을 흘려가며 헐떡이던 정신과 육체가 적이 가쁘고 피곤한 것을 거두고, 조금 편안하고 새로운 지경(100)으로 돌쳐서게 되는 까닭이다. (한용운, 〈독서삼매경〉 중)

第3回 漢字能力檢定試驗　4級 問題紙

[問 1-32] 다음 밑줄 친 漢字語의 讀音을 쓰시오.

○ 오늘은 몸이 疲困(1)하니 여기까지 標示(2)해 두고 내일 다시 읽자.

○ 閑暇(3)한 주말 오후에는 歸家(4)할 수 있다.

○ 劇場(5)에 勤務(6)하는 친구가 있다.

○ 이렇게 新奇(7)한 일은 오랫동안 紀念(8)해야 한다.

○ 자신이 한 일이 아니라고 否認(9)하고 크게 抗議(10)했다.

○ 우리 편이 아니라는 緣由(11)로 批判(12)해서는 안된다.

○ 上映(13) 전에 豫買(14)해 두시는 것이 편리합니다.

○ 營利(15)를 목적으로 청소년을 優待(16)해 주는 상점

○ 酒類(17)는 郵送(18)이 불가능합니다.

○ 鐘路(19) 周邊(20)에는 가로수가 많다.

○ 이번 改憲(21)의 核心(22)은 무엇인가?

○ 시민들의 憤怒(23)가 危險(24) 수위에 이르렀다.

○ 刑事(25)는 逃走(26)하는 盜難(27) 사건의 용의자를 쫓기 시작했다.

○ 이렇게 좋은 機會(28)를 마다한다는 것이 納得(29)하기 어렵다.

○ 祕密(30)스런 私談(31)은 대화에 끼지 못하는 사람에게 傷處(32)를 준다.

[問 33-54] 다음 漢字의 訓과 音을 쓰시오.

(33) 散

(34) 援

(35) 圍

(36) 誌

(37) 華

(38) 殺

(39) 遺

(40) 混

(41) 看

(42) 降

(43) 巨

(44) 覽

(45) 隱

(46) 略

(47) 依

(48) 張

(49) 殘

(50) 疑

(51) 宣

(52) 烈

(53) 覺

(54) 姿

[問 55-57] 다음 漢字語 중 첫 音節이 길게
發音되는 單語 셋을 찾아 그 번호를 쓰시오.

① 生物 ② 西洋 ③ 由來 ④ 念慮 ⑤ 夏至
⑥ 育成 ⑦ 色相 ⑧ 破約 ⑨ 責任 ⑩ 出發

[問 58-60] 다음 각 글자와 同訓字, 또는 뜻
이 비슷한 漢字를 (   ) 속에 적어 通用되는
單語를 만드시오.

(58) 素(   )

(59) 時(   )

(60) (   )童

[問 61-63] 다음 각 글자의 反義字, 또는 뜻
이 對立되는 漢字를 (   ) 속에 적어 通用되
는 單語를 만드시오.

(61) 喜(   )

(62) (   )白

(63) (   )散

[問 64-66] 다음 漢字의 部首를 쓰시오.

(64) 往

(65) 帝

(66) 局

[問 67-69] 다음 漢字를 널리 쓰이는 略字
로 고치시오.

(67) 醫

(68) 輕

(69) 萬

[問 70-72] 다음 單語의 同音異義語를 漢字
로 쓰되, 제시된 뜻에 맞추시오.

(70) (警備) : 사업을 경영하거나 운영하
는데 필요한 비용

(71) (善戰) : 잘 설명하여 널리 알리는 것

(72) (子弟) : 욕망 등을 스스로 억제함

[問 73-75] 다음 한자어의 뜻을 풀이하시오.

(73) 難聽

(74) 快速

(75) 好評

[問 76-80] 다음 사자성어가 완성되도록
(   ) 속의 글자를 漢字로 쓰시오.

(76) 山海珍(   )

(77) 甘言利(   )

(78) 大驚(　　)色

(79) 過大評(　　)

(80) (　　)盡甘來

[問 81-85] 다음의 訓과 音으로 연결된 單語를 漢字로 쓰시오.

(81) 참여할 참 - 볼 견 (　　　　)

(82) 푸를 청 - 봄 춘 (　　　　)

(83) 빌 공 - 사이 간 (　　　　)

(84) 예 구 - 법 식 (　　　　)

(85) 편할 편 - 이할 리 (　　　　)

[問 86-90] 다음 밑줄 친 單語를 漢字로 쓰시오.

○ 우리가 항상 말하는 것과 같이 세계는 경제 싸움의 세계(86)이라. 저 열강(87)이 문명(88)은 날로 번창하고 인구는 날로 늘어 자기 나라의 토지만으로 그 생활을 하기가 어려우며 자기 나라의 생산물만으로 그 발전(89)을 꾀하기가 어려우니, 이에 나라 밖으로 영토를 확대하고 이익을 얻으려고 미발달 지역을 개척하여 자신의 욕망을 채우려 하니, 자기보다 열등한 나라는 물론 동등한 힘을 가진 나라에 대해서도 경제싸움을 걸어 승부(90)

를 겨루는지라. (신채호, 〈20세기 新國民〉 중)

[問 91-100] 다음 밑줄 친 單語 중 ① 漢字로 적힌 것은 讀音을 쓰고, ② 한글로 쓰인 것은 漢字로 고치고, ③ (　　) 속에는 적당한 말(訓이나 音)을 쓰시오.

○ '인생은 짧고 藝術(91)은 길다'함은 인생의 수명이 백년도 가지 못하나 藝術의 수명은 영구히 가는 것을 말함이다. 그러나 우리 인생은 예술에 의하여 짧은 수명을 延長(92)할 수 있으니, 가야금의 曲調(93)에서는 오늘날까지도 오히려 우륵의 유음(94)을 들을 것이며, 석굴암의 조각에서는 오늘날까지도 오히려 김대성의 수택을 찾을 것이다. (문일평, 〈역사에 나타난 藝術의 聖職〉 중에서)

○ 가야금은 옛날부터 고유(95)한 악기(96)로 우륵이 전해준 것이니, 오늘날 남아있는 조선 최고의 향토(97)악기이다. (문일평, 〈역사에 나타난 藝術의 聖職〉 중에서)

○ '便'자는 '便安'에서는 '(　　)(98) 편'으로 쓰이고, '便所'에서는 '똥오줌 (　　)(99)'으로 쓰이는 글자이다. 또한, '更'자는 '變更'에서는 '고치다'라는 뜻이지만, '更生'에서는 '(　　)(100)'라는 뜻으로 쓰인다.

第4回 漢字能力檢定試驗　4級 問題紙

[問 1-32] 다음 제시된 漢字語의 讀音을 쓰시오.

(1) 牛乳

(2) 遊興

(3) 隱居

(4) 結婚

(5) 華麗

(6) 同甲

(7) 巨富

(8) 略圖

(9) 食糧

(10) 宣言

(11) 屬性

(12) 相異

(13) 姿態

(14) 姉妹

(15) 複雜

(16) 廳舍

(17) 源泉

(18) 招請

(19) 類推

(20) 短縮

(21) 就任

(22) 更生

(23) 忠犬

(24) 擊破

(25) 驚歎

(26) 警戒

(27) 勉學

(28) 模造

(29) 趣向

(30) 舌戰

(31) 拒逆

(32) 儒生

[問 33-35] 다음 한자어 중 첫음절이 길게 발음되는 단어 3개를 골라 그 번호를 쓰시오.

① 料理 ② 料金 ③ 美術 ④ 美國 ⑤ 便紙 ⑥ 便安 ⑦ 草木 ⑧ 交通 ⑨ 關心 ⑩ 流水

[問 36-54] 다음 漢字의 訓과 音을 쓰시오.

(36) 妨

(37) 延

(38) 點

(39) 帝

(40) 爆

(41) 標

(42) 閑

(43) 歸

(44) 寄

(45) 複

(46) 負

(47) 疲

(48) 抗

(49) 屈

(50) 勸

(51) 筋

(52) 普

(53) 緣

(54) 映

[問 55~74] 다음 밑줄 친 單語를 漢字로 바꾸어 쓰시오.

○ 이론가들의 말을 빌어 말하면 행복(55)의 과(果)는 곤란(56)의 인(因)에서 난다. 현재의 향복(享福)은 과거(57)인의 피와 땀의 대가다. 그렇다면 후대(58) 아손(兒孫)에게 향복(享福)의 유산을 끼쳐주기 위하여 피와 땀을 흘리게 되는 현대의 조선 청년은 행운

아다. 나는 구구한 이론을 많이 쓰기는 싫다. 다만 마음으로 읽을 만한 한 뜻을 조금 썼으면 족하다. (한용운, 〈조선청년에게〉 중)

○ 속담(59)에 양식은 입에 좋고, 화식(和式)은 눈에 좋고, 화식(華式 : 중국 음식)은 배에 좋다고 하지마는, 조선(60)식은 무엇에 좋을 것인가? 그것은 마침 모르되, 요리점의 조선식은 어디 내어 놓든지 조금도 부끄럽지 않는 공동 요리임을 알아야 하겠다. 그러나 일반 매식으로 말하면, 위생(61)상에 주의(62)하여 설렁탕 같은 것도 좀 더 개량(63)하였으면 평민(64) 음식으로 이처럼 맛있고 자양분 많은 좋은 음식이 어디 또 있겠는가. 엄동설한에 보오안 설렁탕 육즙을 5전이면 너끈히 사 먹을 수 있으니, 이것이 양식(65) 수프에 비하여 자양분은 훨씬 앞서고 그 가격이 아주 저렴한 것이 아닌가. (문일평, 〈영주만필〉 중)

○ 내가 16세에 고향을 떠난 뒤로는 매년 하기(66) 방학(67)에 잠시 귀근할 뿐이었으며, 그 역시 수로(68)로 왕복(69)하여 연로에 감촉되는 것이 없었을 뿐 아니라 일차 귀근한 뒤에는 애자애제로 가정(70)의 단란을 맛보는 이외에 아무것도 다른 감정(71)을 느껴볼 사이가 없었다. 그러나 재작년(72) 하기 방학 때에는 충남 각군에 강연여행(73)을 할 기회가 있었다. 그래서 몇 골의 읍지도 보았으며 청년

(74)과도 접촉한 일이 있다. (민태원,
〈추억과 희망〉 중)

[問 75-77] 다음 漢字를 널리 쓰이는 略字로
고치시오.

(75) 舊

(76) 賣

(77) 勞

[問 78-80] 다음 漢字語의 뜻을 쓰시오.

(78) 一針

(79) 豫告

(80) 自負心

[問 81-83] 다음 각 글자와 뜻이 같거나 비
슷한 漢字를 (　) 속에 적어 글 속의 單語
를 완성하시오.

(81) 자신들의 이익을 추구하려고 모인
　　集(　)

(82) (　)致에 맞는 행동

(83) 質(　)한 밥상

[問 84-86] 다음 각 글자와 뜻이 대립되는
漢字를 (　) 속에 적어 글 속의 單語를 完
成하시오.

(84) (　)罰 제도의 시행

(85) 물자의 收(　)이 원활치 않다.

(86) 일의 (　)重을 논하지 말라.

[問 87-89] 다음 漢字의 部首를 쓰시오.

(87) 黑

(88) 壓

(89) 店

[問 90-94] 다음 (　) 안에 알맞은 漢字를
적어 四字成語를 完成하시오.

(90) 見危授(　)

(91) 大同小(　)

(92) 骨肉(　)殘

(93) 奇想天(　)

(94) 美(　)麗句

[問 95-97] 다음 單語의 同音異義語를 漢字
로 쓰되, 제시된 뜻에 맞추시오.

(95) (貴中) : 매우 소중한 것

(96) (射手) : 목숨을 걸고 지킴

(97) (知性) : 지극한 정성

[問 98-100] 다음 문장의 (　) 속에 적당
한 말(訓이나 音)을 쓰시오.

‘省’자는 ‘省察’에서는 ‘(　　　)(98)’으
로 쓰이고 ‘省略’에서는 ‘(　　　)(99)’으
로 쓰인다. ‘常識’에서 ‘常’자는 ‘(　　　)
(100)’이라는 뜻이다.

第5回 漢字能力檢定試驗 4級 問題紙

[問 1-32] 다음 밑줄 친 漢字語의 讀音을 쓰시오.

○ 교제한 지 한 달 만에 婚談(1)이 오가고, 두 달 만에 華燭(2)을 밝히는 부부도 많다.

○ 신입사원 歡迎(3)식을 여러분들의 烈火(4)와 같은 성원으로 盛況(5)리에 마치게 됨을 감사드립니다.

○ 이번 손님 초대는 簡單(6)하게 甘酒(7)나 대접하도록 하자.

○ 巨金(8)을 들여 看板(9)을 만드는 투자를 敢行(10)하였다.

○ 大略(11)적인 일정을 보내드리오니 回覽(12)하시어 混亂(13)이 없도록 참고하시기 바랍니다.

○ 아무 데서나 筋肉(14) 자랑을 하는 그에게 毒舌(15)을 퍼부었다.

○ 祕資金(16)에 대한 疑心(17)을 받고 있는 김의원은 결백을 主張(18)한다.

○ 나의 趣味(19)는 季節(20)이 바뀔 때마다 지인들을 집에 招待(21)하는 것이다.

○ 그는 傑出(22)한 능력과 상대방의 말을 傾聽(23)하는 자세로 이 회사 中堅(24)의 자리에 오르게 되었다.

○ 이 음악과 춤이 絶妙(25)하게 맞아 떨어져 훌륭한 舞曲(26)이 탄생했다.

○ 여권 更新(27) 기간이 되었으니 미리 신청하여 損失(28)이 없도록 하십시오.

○ 그는 史籍(29)을 발굴하는 일에 專念(30)하여 이 분야의 出版(31)을 獨占(32)하다시피 하였다.

[問 33-54] 다음 漢字의 訓과 音을 쓰시오.

(33) 資

(34) 推

(35) 屬

(36) 亂

(37) 慮

(38) 舌

(39) 儀

(40) 仁

(41) 姉

(42) 壯

(43) 聽

(44) 招

(45) 傑

(46) 儉

(47) 激

(48) 堅

(49) 勉

(50) 模

(51) 損

(52) 肅

(53) 驚

(54) 據

[問 55-57] 다음 漢字語 중 첫音節이 길게 發音되는 單語 셋을 찾아 그 번호를 쓰시오.

① 理致 ② 立場 ③ 雪景 ④ 省略 ⑤ 消毒 ⑥ 速力 ⑦ 討論 ⑧ 討伐 ⑨ 映窓 ⑩ 映畵

[問 58-60] 다음 각 글자와 同訓字, 또는 뜻이 비슷한 漢字를 (   ) 속에 적어 通用되는 單語를 만드시오.

(58) (   )稱

(59) 物(   )

(60) (   )端

[問 61-63] 다음 각 글자의 反義字, 또는 뜻이 對立되는 漢字를 (   ) 속에 적어 通用되는 單語를 만드시오.

(61) 往(   )

(62) (   )危

(63) 利(   )

[問 64-66] 다음 漢字의 部首를 쓰시오.

(64) 孝

(65) 益

(66) 里

[問 67-69] 다음 漢字를 널리 쓰이는 略字로 고치시오.

(67) 號

(68) 當

(69) 會

[問 70-72] 다음 單語의 同音異義語를 漢字로 쓰되, 제시된 뜻에 맞추시오.

(70) (聲帶) : 아주 성하고 큼

(71) (天才) : 자연 현상으로 일어나는 재난

(72) (通貨) : 말을 서로 주고 받음

[問 73-75] 다음 한자어의 뜻을 풀이하시오.

(73) 迎合

(74) 段落

(75) 餘念

[問 76-80] 다음 사자성어가 완성되도록
( ) 속의 글자를 漢字로 쓰시오.

(76) 居(　　　)思危

(77) 金科(　　　)條

(78) 落落(　　　)松

(79) 殺身(　　　)仁

(80) 明鏡止(　　　)

[問 81-85] 다음의 訓과 音으로 연결된 單語
를 漢字로 쓰시오.

<보기>

나라 국 - 말씀 어 (國語)

(81) 재주 재 - 능할 능 (　　　　　)

(82) 찰 한 - 마음 심 (　　　　　)

(83) 마땅 당 - 곧을 직 (　　　　　)

(84) 믿을 신 - 생각 념 (　　　　　)

(85) 전할 전 - 말씀 설 (　　　　　)

[問 86-90] 다음 밑줄 친 單語를 漢字로 쓰
시오.

○ 우리나라는 단군의 건국(86)으로부터
3, 4천년을 내려오면서 강토의 분열
(87)과 병합의 연혁이 엎치락뒤치락
하여 일정하지 못하였다가, 이씨조선
이 개국됨에 이르러서 반도(88)가 비
로소 완정(完定)되고 민족이 귀일케
되어 교육과 문물(89)이 옛날보다 뛰

어나게 되었으니, 이는 국운(90)이 트
이고 시대가 변천한 것이니라.
(장지연, 〈大韓新地志〉序〉

[問 91-100] 다음 밑줄 친 單語 중 ① 漢字
로 적힌 것은 讀音을 쓰고, ② 한글로 쓰인
것은 漢字로 고치고, ③ ( ) 속에는 적당
한 말(訓이나 音)을 쓰시오.

○ 사람이라 칭하는 동물(91)은 천연(92)
체구는 심히 연약하나 지혜는 만물
(93)에 특월하며 群居(94)를 좋아하
여 동류를 상호하며 지술로 수예를 익
혀서 금석, 초목, 수화를 치용(95)하여
생활을 講究(96)하며, 각종 맹수 및 기
타 수륙(97) 일반 동물을 制壓(98)하
여 먹을 수 있는 것은 먹고 쓸 수 있는
것은 이용하여, 천하에 제일 강성하는
동물은 사람이라 칭하는 동물이러라.
(주시경, 〈必尙自國文言〉 중)

○ ‘殺’자는 ‘自殺’에서는 ‘살’로 읽지만
‘相殺’에서는 (　　　)(99)로 읽고,
(　　　)(100)라는 뜻으로 쓴다.

第6回 漢字能力檢定試驗 4級 問題紙

[問 1-32] 다음 제시된 漢字語의 讀音을 쓰시오.

(1) 秀麗

(2) 堂叔

(3) 面積

(4) 勸獎

(5) 彈壓

(6) 痛快

(7) 決鬪

(8) 派兵

(9) 系列

(10) 孤獨

(11) 骨格

(12) 攻守

(13) 鑛夫

(14) 散髮

(15) 無妨

(16) 侵犯

(17) 額數

(18) 模樣

(19) 靜肅

(20) 評判

(21) 同胞

(22) 密閉

(23) 避暑

(24) 均等

(25) 勸善

(26) 悲劇

(27) 寄居

(28) 標本

(29) 構想

(30) 探査

(31) 包裝

(32) 崇拜

[問 33-35] 다음 한자어 중 첫음절이 길게 발음되는 단어 3개를 골라 그 번호를 쓰시오.

① 給食 ② 自由 ③ 特別 ④ 太平 ⑤ 洗手
⑥ 親愛 ⑦ 板子 ⑧ 近方 ⑨ 怒氣 ⑩ 基本

[問 36-54] 다음 漢字의 訓과 音을 쓰시오.

(36) 奇

(37) 紀

(38) 伏

(39) 碑

(40) 遇

(41) 優

(42) 鐘

(43) 周

(44) 座

(45) 險

(46) 憲

(47) 革

(48) 徒

(49) 逃

(50) 祕

(51) 傷

(52) 危

(53) 威

(54) 慰

[問 55-74] 다음 밑줄 친 單語를 漢字로 바꾸어 쓰시오.

(55) 식당에 휴대전화를 놓고 왔다.

(56) 자신들의 이익을 위한 단체

(57) 경이적인 기록

(58) 만능 열쇠

(59) 근방에 있는 주유소

(60) 변동사항 없음

(61) 작별을 고하다.

(62) 입원한 친구를 문병하다.

(63) 갓 결혼한 부부를 위한 축복

(64) 미신을 신봉하는 사람

(65) 우리 잡지의 애독자

(66) 한강의 야경

(67) 동양의 미덕

(68) 허약한 체질

(69) 석양이 아름다운 곳

(70) 전 상품 품절

(71) 일단 정지

(72) 근사한 제목

(73) 지조를 지키다

(74) 석사 졸업

[問 75-77] 다음 漢字를 널리 쓰이는 略字로 고치시오.

(75) 兒

(76) 對

(77) 個

[問 78-80] 다음 漢字語의 뜻을 쓰시오.

(78) 投機

(79) 拍車

(80) 閑談

[問 81-83] 다음 각 글자와 뜻이 같거나 비슷한 漢字를 (　) 속에 적어 글 속의 單語를 완성하시오.

(81) 鬪(　)

(82) 豊(　)

(83) 存(　)

[問 84-86] 다음 각 글자와 뜻이 대립되는 漢字를 (　) 속에 적어 글 속의 單語를 完成하시오.

(84) (　)私

(85) (　)近

(86) 因(　)

[問 87-89] 다음 漢字의 部首를 쓰시오.

(87) 聞

(88) 界

(89) 條

[問 90-94] 다음 (　) 안에 알맞은 漢字를 적어 四字成語를 完成하시오.

(90) 仙姿玉(　)

(91) 五穀百(　)

(92) 危機(　)髮

(93) 異口同(　)

(94) 適(　)適所

[問 95-97] 다음 單語의 同音異義語를 漢字로 쓰되, 제시된 뜻에 맞추시오.

(95) (初代) : 사람을 불러서 대접함

(96) (公海) : 하늘처럼 끝이 없는 바다

(97) (長官) : 보기에 매우 훌륭한 경치

[問 98-100] 다음 문장의 (　) 속에 적당한 말(訓이나 音)을 쓰시오.

'北'자는 '北斗七星'에서는 '북녘'이라는 뜻으로 (　)(98)으로 읽히고, '敗北'에서는 (　)(99)라는 뜻으로, (　)(100)로 읽힌다.

第7回 漢字能力檢定試驗　4級　問題紙

[問 1-32] 다음 밑줄 친 漢字語의 讀音을 쓰시오.

○ 무너진 건물의 層數(1)를 推理(2)하였더니 30층으로 추정되었다. 예전보다 縮小(3)하여 재건축해야할 것으로 보인다.

○ 비자금 사건의 證據(4)가 나타나자 시민들은 激烈(5)하게 반응하기 시작했다.

○ 堅固(6)하게 만들어진 그 조각품은 황소의 模樣(7)을 본떴다.

○ 오랜만에 省墓(8)를 하러 가니 선산이 어느새 松林(9)이 되어 있었다.

○ 그분의 崇高(10)한 뜻을 기려 그의 이름을 본뜬 獎學(11)재단을 만들었다.

○ 그 말의 底意(12)가 무엇인지는 모르겠으나 或如(13) 나를 설득할 생각은 하지 마라.

○ 실제 狀況(14)인지, 가상인지 混同(15)된다.

○ 우리 팀이 실력을 모두 發揮(16)하기 위해서는 그 나라의 氣候(17)에 맞는 훈련을 시작해야 한다.

○ 학문을 探求(18)하는 사람들은 名稱(19)과 개념을 적합하게 選擇(20)해야 한다.

○ 유족들의 歎息(21)을 自肅(22)의 기회로 삼으시오.

○ 繼續(23) 脫落(24)하면 困境(25)에 빠질 것이다.

○ 穀食(26)을 잘 保管(27)하도록 示範(28)을 보여주십시오.

○ 犯人(29)은 이 區域(30)의 構造(31)를 미리 파악하고 범행에 필요한 多樣(32)한 도구까지 갖추어 두었다.

[問 33-54] 다음 漢字의 訓과 音을 쓰시오.

(33) 鳴

(34) 妙

(35) 舞

(36) 頌

(37) 崇

(38) 底

(39) 積

(40) 裝

(41) 專

(42) 轉

(43) 脫

(44) 擇

(45) 階

(46) 孤

(47) 孔

(48) 管

(49) 構

(50) 犯

(51) 樣

(52) 歎

(53) 適

(54) 獎

[問 55-57] 다음 漢字語 중 첫音節이 길게 發音되는 單語 셋을 찾아 그 번호를 쓰시오.

① 技能 ② 名所 ③ 問答 ④ 民心 ⑤ 反省 ⑥ 文學 ⑦ 母親 ⑧ 時間 ⑨ 食事 ⑩ 習慣

[問 58-60] 다음 각 글자와 同訓字, 또는 뜻 이 비슷한 漢字를 (　) 속에 적어 通用되는 單語를 만드시오.

(58) (　)好

(59) 屈(　)

(60) (　)察

[問 61-63] 다음 각 글자의 反義字, 또는 뜻 이 對立되는 漢字를 (　) 속에 적어 通用되 는 單語를 만드시오.

(61) (　)婦

(62) (　)武

(63) 登(　)

[問 64-66] 다음 漢字의 部首를 쓰시오.

(64) 師

(65) 貴

(66) 郡

[問 67-69] 다음 漢字를 널리 쓰이는 略字 로 고치시오.

(67) 團

(68) 畫

(69) 發

[問 70-72] 다음 單語의 同音異義語를 漢字 로 쓰되, 제시된 뜻에 맞추시오.

(70) (構造) : 재난 따위를 당하여 어려운 처지에 빠진 사람을 구해줌

(71) (解毒) : 풀이하여 읽음

(72) (全員) : 논밭과 동산

[問 73-75] 다음 한자어의 뜻을 풀이하시오.

(73) 姿色

(74) 壯談

(75) 閑職

[問 76-80] 다음 사자성어가 완성되도록
(   ) 속의 글자를 漢字로 쓰시오.

(76) (   )用厚生

(77) (   )馬看山

(78) 日就月(   )

(79) 仁者無(   )

(80) (   )三李四

[問 81-85] 다음의 訓과 音으로 연결된 單語
를 漢字로 쓰시오.

<보기>

나라 국 - 말씀 어 (國語)

(81) 찰 만 - 발 족 (   )

(82) 차례 제 - 한 일 (   )

(83) 없을 무 - 본받을 효 (   )

(84) 병 병 - 근심 환 (   )

(85) 말씀 화 - 재주 술 (   )

[問 86-90] 다음 밑줄 친 單語를 漢字로 쓰
시오.

○ 서양 사람들은 말하기를 여성이란 인
간사회의 근원이며 가정(86)으로 말
하면 집안의 동량(棟梁)과 같은 존재
라 한다. 그러므로 만약 그들의 기질

(87)이 약하다거나 학식(88)이 적다
면 위와 같은 두 가지 지분을 감당하
기 어려울 것이라 하여 내외하는 예
법(89)을 버리고 또 그 어렸을 때부터
교육하는 방도를 구비(90)시켜 놓았
다. (유길준 〈서유견문〉 중)

[問 91-100) 다음 밑줄 친 單語 중 ① 漢字
로 적힌 것은 讀音을 쓰고, ② 한글로 쓰인
것은 漢字로 고치고 ③ (   ) 속에는 적당한
말(訓이나 音)을 쓰시오.

○ 서양의 옛날 역사(91)책을 읽어보면,
여성의 학식이 부족(92)하여 집에 있
으면서 남성을 待接(93)하는 방법이
짐승보다 조금 나을 정도이며 내외하
는 법도 심했음을 알 수 있다. 그러나
오랜 세대(94)를 거치면서 風俗(95)
이 점차로 바뀌어 비로소 여성을 교육
하는 법을 마련하고 학식이 남성과 對
等(96)한 境地(97)에 달하게 되면서
내외하는 법을 폐지하게 되었다. (유
길준 〈서유견문〉 중)

○ '切'자는 '切斷'에서는 (   )(98)
는 뜻으로 (   )(99)이라고 읽고,
장비 '一切'에서는 '온통'이라는 뜻으
로 (   )(100)라고 읽는다.

第8回 漢字能力檢定試驗 4級 問題紙

[問 1-32] 다음 밑줄 친 漢字語의 讀音을 쓰시오.

(1) 多樣

(2) 廣域

(3) 與件

(4) 整列

(5) 壯丁

(6) 組立

(7) 長篇

(8) 閉校

(9) 好評

(10) 標語

(11) 疲勞

(12) 反抗

(13) 恨歎

(14) 不屈

(15) 窮色

(16) 勸告

(17) 復歸

(18) 普遍

(19) 伏兵

(20) 複線

(21) 負傷

(22) 粉乳

(23) 詩碑

(24) 鉛筆

(25) 映畵

(26) 迎入

(27) 豫告

(28) 民怨

(29) 境遇

(30) 避難

(31) 條目

(32) 點數

[問 33-35] 다음 한자어 중 첫음절이 길게 발음되는 단어 3개를 골라 그 번호를 쓰시오.

① 始初 ② 材木 ③ 的中 ④ 順位 ⑤ 全力 ⑥ 風習 ⑦ 學力 ⑧ 間接 ⑨ 許諾 ⑩ 博士

[問 36-54] 다음 漢字의 訓과 音을 쓰시오.

(36) 郵

(37) 酒

(38) 刑

(39) 婚

(40) 灰

(41) 厚

(42) 揮

(43) 盜

(44) 私

(45) 象

(46) 儒

(47) 遊

(48) 織

(49) 陣

(50) 冊

(51) 採

(52) 差

(53) 環

(54) 況

[問 55-74] 다음 밑줄 친 單語를 漢字로 바꾸어 쓰시오.

(55) 여자의 <u>직감</u>

(56) 예선전에서 <u>두각</u>을 나타낸 선수

(57) 위험물 <u>제거</u>

(58) 미궁으로 빠진 <u>사건</u>

(59) 서울역으로 <u>도착</u>하는 열차

(60) <u>속도</u>가 빠른 선박

(61) 학생의 <u>도리</u>

(62) <u>자동</u>으로 조절되는 온도

(63) <u>동시</u>에 움직입시다.

(64) 초록색과 <u>대비</u>되는 색상

(65) 원본과 <u>사본</u>이 모두 필요하다.

(66) <u>생산량</u>의 증가

(67) <u>엽서</u>로 보낸 사연

(68) <u>영원</u>히 떠나보낸 친구

(69) <u>온기</u>가 느껴지는 찻잔

(70) <u>외상</u> 없는 환자

(71) 상반기 교사 <u>채용</u>

(72) 계속 <u>주시</u>해야 하는 학생

(73) <u>지면</u>으로 제출

(74) 반드시 <u>중지</u>시켜야 하는 행동

[問 75-77] 다음 漢字를 널리 쓰이는 略字로 고치시오.

(75) 數

(76) 硏

(77) 廳

[問 78-80] 다음 漢字語의 뜻을 쓰시오.

(78) 寄生

(79) 謝絶

(80) 象形

[問 81-83] 다음 각 글자와 뜻이 같거나 비슷한 漢字를 (　) 속에 적어 글 속의 單語를 완성하시오.

(81) 寒(　)

(82) 便(　)

(83) 敗(　)

[問 84-86] 각 글자와 뜻이 대립되는 漢字를 (　) 속에 적어 글 속의 單語를 完成하시오.

(84) 死(　)

(85) (　)常

(86) (　)鄕

[問 87-89] 다음 漢字의 部首를 쓰시오.

(87) 半

(88) 衛

(89) 象

[問 90-94] 다음 (　) 안에 알맞은 漢字를 적어 四字成語를 完成하시오.

(90) 一(　)不亂

(91) 自業自(　)

(92) 興盡悲(　)

(93) (　)有曲折

(94) 天生緣(　)

[問 95-97] 다음 單語의 同音異義語를 漢字로 쓰되, 제시된 뜻에 맞추시오.

(95) (在庫) : 다시 생각함

(96) (實數) : 부주의로 잘못을 한 것

(97) (地圖) : 어떤 목적에 따라 가르쳐 이끎

[問 98-100] 다음 문장의 (　) 속에 적당한 말(訓이나 音)을 쓰시오.

'復'자는 '復舊'에서는 (　)(98)는 뜻으로 쓰이지만 '復活'에서는 (　)(99)로 발음되고 (　)(100)의 뜻으로 사용된다.

第9回 漢字能力檢定試驗　4級 問題紙

[問 1-32] 다음 제시된 漢字語의 讀音을 쓰시오.

(1) 讚歌

(2) 採取

(3) 差異

(4) 石灰

(5) 指揮

(6) 喜悲

(7) 若干

(8) 看守

(9) 居處

(10) 亂動

(11) 糧穀

(12) 配慮

(13) 盛行

(14) 疑問

(15) 依支

(16) 雜念

(17) 殘惡

(18) 單層

(19) 骨肉

(20) 孔穴

(21) 管理

(22) 侵攻

(23) 拍手

(24) 範圍

(25) 犯行

(26) 辯士

(27) 與黨

(28) 易書

(29) 可燃

(30) 延長

(31) 安靜

(32) 帝國

[問 33-35] 다음 한자어 중 첫음절이 길게 발음되는 단어　3개를 골라 그 번호를 쓰시오.

① 海外 ② 現實 ③ 合同 ④ 吉凶 ⑤ 多幸
⑥ 夫婦 ⑦ 服從 ⑧ 兒童 ⑨ 安心 ⑩ 病院

[問 36-54] 다음 漢字의 訓과 音을 쓰시오.

(36) 條

(37) 潮

(38) 存

(39) 泉

(40) 廳

(41) 就

(42) 趣

(43) 縮

(44) 彈

(45) 探

(46) 稱

(47) 痛

(48) 投

(49) 鬪

(50) 篇

(51) 評

(52) 恨

(53) 喜

(54) 歡

[問 55-74] 다음 밑줄 친 單語를 漢字로 바꾸어 쓰시오.

(55) <u>질문</u>은 수업이 끝나고 받겠습니다.

(56) 오전 10시까지 <u>집결</u>하시오.

(57) <u>매주</u> 화요일에 한문 공부 모임이 있다.

(58) <u>지대</u>가 낮다.

(59) <u>표지</u> 모델 경력이 있다.

(60) 이 회사의 <u>주력</u> 사업

(61) 하루 <u>종일</u> 기다렸다.

(62) <u>백주</u> 대낮

(63) <u>최초</u>의 여성 판사

(64) <u>초면</u>에 실례가 많습니다.

(65) <u>입추</u>의 날씨

(66) <u>필체</u>가 다르다.

(67) <u>충분</u>한 양

(68) 안경 쓴 사람이 <u>태반</u>이다.

(69) <u>모친</u>은 어디 계십니까?

(70) <u>실패</u>는 성공의 어머니

(71) <u>표면</u>은 깨끗하다.

(72) 새로 산 <u>식탁</u>

(73) <u>택지</u> 개발 중인 지역

(74) <u>이타</u>적인 사람

[問 75-77] 다음 漢字를 널리 쓰이는 略字로 고치시오.

(75) 學

(76) 畫

(77) 傳

[問 78-80] 다음 漢字語의 뜻을 쓰시오.

(78) 仁術

(79) 壓勝

(80) 頌德

[問 81-83] 다음 각 글자와 뜻이 같거나 비슷한 漢字를 (   )속에 적어 글 속의 單語를 완성하시오.

(81) 統(   )

(82) (   )達

(83) (   )貨

[問 84-86] 다음 각 글자와 뜻이 대립되는 漢字를 (   ) 속에 적어 글 속의 單語를 完成하시오.

(84) 長(   )

(85) 離(   )

(86) 將(   )

[問 87-89] 다음 漢字의 部首를 쓰시오.

(87) 初

(88) 出

(89) 春

[問 90-94] 다음 (   ) 안에 알맞은 漢字를 적어 四字成語를 完成하시오.

(90) 一喜一(   )

(91) 千差萬(   )

(92) (   )者定離

(93) 類類(   )從

(94) (   )中有骨

[問 95-97] 다음 單語의 同音異議語를 漢字로 쓰되, 제시된 뜻에 맞추시오.

(95) (造花) : 서로 잘 어울림

(96) (理解) : 이익과 손해

(97) (戰時) : 물품을 한 곳에 펼쳐놓고 보임

[問 98-100] 다음 문장의 (   ) 속에 적당한 말(訓이나 音)을 쓰시오.

'樂'자는 3가지 음으로 발음되는 한자이다. 그 첫 번째는 '즐긴다'는 뜻으로 '苦樂'등에서 (   )(98)으로 발음된다. 두 번째는 '노래 악'으로서 '音樂'에 쓰이는 글자이다. 마지막은 (   )(99)라는 뜻인데, 발음은 (   )(100)로 난다. '물을 좋아하다'라는 뜻의 '樂水'는 가장 대표적인 예이다.

第10回 漢字能力檢定試驗　4級 問題紙

[問 1-32] 다음 밑줄 친 漢字語의 讀音을 쓰시오.

○ 우리 회사는 사원을 <u>採用</u>(1)할 때 <u>差等</u>(2)을 두어 호봉을 책정한다.

○ <u>稱讚</u>(3)을 듣고 자란 아이들은 <u>或是</u>(4) <u>混亂</u>(5)한 <u>狀況</u>(6)이 되어도 <u>一喜一悲</u>(7)하지 않는다.

○ 강사는 <u>聽者</u>(8)들의 마음을 <u>看破</u>(9)하여 연설문을 <u>簡潔</u>(10)하게 수정하였다.

○ <u>略式</u>(11) 행사였지만 <u>熱烈</u>(12)한 응원에 힙입어 행사를 <u>盛況</u>(13)리에 치렀다.

○ 광고 <u>宣傳</u>(14)에는 기물이 <u>破損</u>(15)될 경우 <u>總額</u>(16)을 회사에서 부담한다고 했다.

○ <u>多樣</u>(17)한 요구를 반영하여 <u>資料</u>(18) 제출의 기한을 <u>延長</u>(19)하기로 결정했습니다.

○ <u>示威</u>(20)대는 <u>威風</u>(21)당당하게 나타나 김<u>委員</u>(22)에게 <u>援助</u>(23)를 요청했다.

○ 아기는 <u>母乳</u>(24)를 먹고 자라야 한다는 <u>持論</u>(25)을 가지고 있다는 사실에 <u>慰安</u>(26)을 얻었다.

○ <u>物證</u>(27)이 나타나자 용의자의 <u>姿勢</u>(28)가 흐트러졌으나, 곧 <u>犯行</u>(29)을 인정하고 <u>安靜</u>(30)을 찾았다.

○ 고된 <u>環境</u>(31)과 압박에도 <u>珍重</u>(32)하게 대처하다.

[問 33-35] 다음 한자어 중 첫음절이 길게 발음되는 단어 3개를 골라 그 번호를 쓰시오.

① 魚肉 ② 陽地 ③ 前夜 ④ 情熱 ⑤ 離脫
⑥ 節約 ⑦ 朝刊 ⑧ 史實 ⑨ 整列 ⑩ 卒業

[問 36-54] 다음 漢字의 訓과 音을 쓰시오.

(36) 痛

(37) 歡

(38) 系

(39) 庫

(40) 傾

(41) 否

(42) 批

(43) 營

(44) 鉛

(45) 里

(46) 帳

(47) 雜

(48) 折

(49) 占

(50) 帝

(51) 座

(52) 潮

(53) 擊

(54) 投

[問 55-74] 다음 밑줄 친 單語를 漢字로 바꾸어 쓰시오.

(55) <u>충분</u>한 자질

(56) <u>친</u>절한 선생님

(57) 박사님의 <u>탁견</u>

(58) 사회 <u>통념</u>상 일어날 수 있는 일

(59) 모두가 꿈꾸는 <u>평등</u>한 세상

(60) 영어 <u>발표</u>대회 금상

(61) 품<u>행</u>이 방정함

(62) <u>필시</u> 사연이 있다.

(63) <u>독학</u>으로 사진을 공부하다.

(64) <u>가해</u>자의 후회

(65) <u>허가</u>받은 외출

(66) 사람을 <u>외형</u>으로 평가하면 안된다.

(67) 선캄브리아기의 <u>화석</u>

(68) 긍정적인 <u>환자</u>

(69) 효성이 지극한 <u>아들</u>

(70) <u>활력</u>이 생기는 아침

(71) <u>흑심</u>을 품고 있는 남자

(72) 무너진 <u>계획</u>

(73) 고장난 <u>고속</u>열차

(74) <u>과감</u>히 진행하다.

[問 75-77] 다음 漢字를 널리 쓰이는 略字로 고치시오.

(75) 實

(76) 繼

(77) 兩

[問 78-80] 다음 漢字語의 뜻을 쓰시오.

(78) 機智

(79) 骨肉

(80) 座談

[問 81-83] 다음 각 글자와 뜻이 같거나 비슷한 漢字를 (　) 속에 적어 글 속의 單語를 완성하시오.

(81) 單(　)

(82) 擔(　)

(83) 素(　)

[問 84-86] 다음 각 글자와 뜻이 대립되는 漢字를 (   ) 속에 적어 글 속의 單語를 完成하시오.

(84) (   )終

(85) (   )海

(86) (   )今

[問 87-89] 다음 漢字의 部首를 쓰시오.

(87) 冊

(88) 差

(89) 崇

[問 90-94] 다음 (   ) 안에 알맞은 漢字를 적어 四字成語를 完成하시오.

(90) (   )卵擊石

(91) 自(   )自讚

(92) 一罰(   )戒

(93) 千慮(   )失

(94) 孤立(   )援

[問 95-97] 다음 單語의 同音異義語를 漢字로 쓰되, 제시된 뜻에 맞추시오.

(95) (寶庫) : 일에 관한 내용이나 결과를 말이나 글로 알림

(96) (商品) : 상으로 주는 물품

(97) (否認) : 결혼한 여자

[問 98-100] 다음 문장의 (   ) 속에 적당한 말(訓이나 音)을 쓰시오.

‘暴’자는 2가지의 뜻을 지닌다. ‘亂暴’에서는 ‘사납다’는 뜻으로 (   )(98)으로 발음되고, ‘暴惡’에서는 (   )(99)는 뜻으로 (   )(100)로 발음된다.

제1회 한자능력검정시험 4급II 답안지(1)

답안란		채점란		답안란		채점란		답안란		채점란	
번호	정답	1검	2검	번호	정답	1검	2검	번호	정답	1검	2검
1				16				31			
2				17				32			
3				18				33			
4				19				34			
5				20				35			
6				21				36			
7				22				37			
8				23				38			
9				24				39			
10				25				40			
11				26				41			
12				27				42			
13				28				43			
14				29				44			
15				30				45			

감독위원	채점위원(1)		채점위원(2)		채점위원(3)	
(서명)	(득점)	(서명)	(득점)	(서명)	(득점)	(서명)

제1회 한자능력검정시험 4급II 답안지(2)

답안란		채점란		답안란		채점란		답안란		채점란	
번호	정답	1검	2검	번호	정답	1검	2검	번호	정답	1검	2검
46				65				84			
47				66				85			
48				67				86			
49				68				87			
50				69				88			
51				70				89			
52				71				90			
53				72				91			
54				73				92			
55				74				93			
56				75				94			
57				76				95			
58				77				96			
59				78				97			
60				79				98			
61				80				99			
62				81				100			
63				82							
64				83							

<table>
<tr><td>수험번호
주민등록번호</td><td>성명
※ 유성 싸인펜, 붉은색 필기구 사용 불가.</td></tr>
</table>

※답안지는 컴퓨터로 처리되므로 구기거나 더럽히지 마시고, 정답 칸 안에만 쓰십시오.
　글씨가 채점란으로 들어오면 오답처리가 됩니다.

제2회 한자능력검정시험　4급Ⅱ 답안지(1)

답안란		채점란		답안란		채점란		답안란		채점란	
번호	정답	1검	2검	번호	정답	1검	2검	번호	정답	1검	2검
1				16				31			
2				17				32			
3				18				33			
4				19				34			
5				20				35			
6				21				36			
7				22				37			
8				23				38			
9				24				39			
10				25				40			
11				26				41			
12				27				42			
13				28				43			
14				29				44			
15				30				45			

감독위원	채점위원(1)		채점위원(2)		채점위원(3)	
(서명)	(득점)	(서명)	(득점)	(서명)	(득점)	(서명)

제2회 한자능력검정시험 4급Ⅱ 답안지(2)

번호	정답	1검	2검	번호	정답	1검	2검	번호	정답	1검	2검
46				65				84			
47				66				85			
48				67				86			
49				68				87			
50				69				88			
51				70				89			
52				71				90			
53				72				91			
54				73				92			
55				74				93			
56				75				94			
57				76				95			
58				77				96			
59				78				97			
60				79				98			
61				80				99			
62				81				100			
63				82							
64				83							

수험번호 □□□-□□-□□□□   성명 □□□□□

주민등록번호 □□□□□□-□□□□□□□ ※ 유성 싸인펜, 붉은색 필기구 사용 불가.

※답안지는 컴퓨터로 처리되므로 구기거나 더럽히지 마시고, 정답 칸 안에만 쓰십시오.
　글씨가 채점란으로 들어오면 오답처리가 됩니다.

제3회 한자능력검정시험 4급Ⅱ 답안지(1)

답안란		채점란		답안란		채점란		답안란		채점란	
번호	정답	1검	2검	번호	정답	1검	2검	번호	정답	1검	2검
1				16				31			
2				17				32			
3				18				33			
4				19				34			
5				20				35			
6				21				36			
7				22				37			
8				23				38			
9				24				39			
10				25				40			
11				26				41			
12				27				42			
13				28				43			
14				29				44			
15				30				45			

감독위원	채점위원(1)		채점위원(2)		채점위원(3)	
(서명)	(득점)	(서명)	(득점)	(서명)	(득점)	(서명)

제3회 한자능력검정시험 4급Ⅱ 답안지(2)

번호	정답	1검	2검	번호	정답	1검	2검	번호	정답	1검	2검
46				65				84			
47				66				85			
48				67				86			
49				68				87			
50				69				88			
51				70				89			
52				71				90			
53				72				91			
54				73				92			
55				74				93			
56				75				94			
57				76				95			
58				77				96			
59				78				97			
60				79				98			
61				80				99			
62				81				100			
63				82							
64				83							

제4회 한자능력검정시험 4급Ⅱ 답안지(1)

번호	정답	1검	2검	번호	정답	1검	2검	번호	정답	1검	2검
1				16				31			
2				17				32			
3				18				33			
4				19				34			
5				20				35			
6				21				36			
7				22				37			
8				23				38			
9				24				39			
10				25				40			
11				26				41			
12				27				42			
13				28				43			
14				29				44			
15				30				45			

감독위원	채점위원(1)		채점위원(2)		채점위원(3)	
(서명)	(득점)	(서명)	(득점)	(서명)	(득점)	(서명)

제4회 한자능력검정시험 4급Ⅱ 답안지(2)

답안란		채점란		답안란		채점란		답안란		채점란	
번호	정답	1검	2검	번호	정답	1검	2검	번호	정답	1검	2검
46				65				84			
47				66				85			
48				67				86			
49				68				87			
50				69				88			
51				70				89			
52				71				90			
53				72				91			
54				73				92			
55				74				93			
56				75				94			
57				76				95			
58				77				96			
59				78				97			
60				79				98			
61				80				99			
62				81				100			
63				82							
64				83							

수험번호 □□□-□□-□□□□□　　성명 □□□□□□

주민등록번호 □□□□□□□-□□□□□□□□□　※ 유성 싸인펜, 붉은색 필기구 사용 불가.

※답안지는 컴퓨터로 처리되므로 구기거나 더럽히지 마시고, 정답 칸 안에만 쓰십시오.
　글씨가 채점란으로 들어오면 오답처리가 됩니다.

제5회 한자능력검정시험　4급Ⅱ 답안지(1)

답안란		채점란		답안란		채점란		답안란		채점란	
번호	정답	1검	2검	번호	정답	1검	2검	번호	정답	1검	2검
1				16				31			
2				17				32			
3				18				33			
4				19				34			
5				20				35			
6				21				36			
7				22				37			
8				23				38			
9				24				39			
10				25				40			
11				26				41			
12				27				42			
13				28				43			
14				29				44			
15				30				45			

감독위원	채점위원(1)		채점위원(2)		채점위원(3)	
(서명)	(득점)	(서명)	(득점)	(서명)	(득점)	(서명)

제5회 한자능력검정시험 4급II 답안지(2)

번호	정답	1검	2검	번호	정답	1검	2검	번호	정답	1검	2검
46				65				84			
47				66				85			
48				67				86			
49				68				87			
50				69				88			
51				70				89			
52				71				90			
53				72				91			
54				73				92			
55				74				93			
56				75				94			
57				76				95			
58				77				96			
59				78				97			
60				79				98			
61				80				99			
62				81				100			
63				82							
64				83							

제6회 한자능력검정시험 4급Ⅱ 답안지(1)

답안란		채점란		답안란		채점란		답안란		채점란	
번호	정답	1검	2검	번호	정답	1검	2검	번호	정답	1검	2검
1				16				31			
2				17				32			
3				18				33			
4				19				34			
5				20				35			
6				21				36			
7				22				37			
8				23				38			
9				24				39			
10				25				40			
11				26				41			
12				27				42			
13				28				43			
14				29				44			
15				30				45			

감독위원	채점위원(1)		채점위원(2)		채점위원(3)	
(서명)	(득점)	(서명)	(득점)	(서명)	(득점)	(서명)

제6회 한자능력검정시험 4급II 답안지(2)

번호	정답	1검	2검	번호	정답	1검	2검	번호	정답	1검	2검
46				65				84			
47				66				85			
48				67				86			
49				68				87			
50				69				88			
51				70				89			
52				71				90			
53				72				91			
54				73				92			
55				74				93			
56				75				94			
57				76				95			
58				77				96			
59				78				97			
60				79				98			
61				80				99			
62				81				100			
63				82							
64				83							

제7회 한자능력검정시험　4급Ⅱ 답안지(1)

번호	정답	1검	2검	번호	정답	1검	2검	번호	정답	1검	2검
	답안란	채점란			답안란	채점란			답안란	채점란	
1				16				31			
2				17				32			
3				18				33			
4				19				34			
5				20				35			
6				21				36			
7				22				37			
8				23				38			
9				24				39			
10				25				40			
11				26				41			
12				27				42			
13				28				43			
14				29				44			
15				30				45			

감독위원	채점위원(1)		채점위원(2)		채점위원(3)	
(서명)	(득점)	(서명)	(득점)	(서명)	(득점)	(서명)

제7회 한자능력검정시험 4급Ⅱ 답안지(2)

번호	정답 (답안란)	1검	2검	번호	정답 (답안란)	1검	2검	번호	정답 (답안란)	1검	2검
46				65				84			
47				66				85			
48				67				86			
49				68				87			
50				69				88			
51				70				89			
52				71				90			
53				72				91			
54				73				92			
55				74				93			
56				75				94			
57				76				95			
58				77				96			
59				78				97			
60				79				98			
61				80				99			
62				81				100			
63				82							
64				83							

제8회 한자능력검정시험 4급Ⅱ 답안지(1)

번호	정답	1검	2검	번호	정답	1검	2검	번호	정답	1검	2검
1				16				31			
2				17				32			
3				18				33			
4				19				34			
5				20				35			
6				21				36			
7				22				37			
8				23				38			
9				24				39			
10				25				40			
11				26				41			
12				27				42			
13				28				43			
14				29				44			
15				30				45			

감독위원	채점위원(1)		채점위원(2)		채점위원(3)	
(서명)	(득점)	(서명)	(득점)	(서명)	(득점)	(서명)

제8회 한자능력검정시험 4급II 답안지(2)

번호	정답	1검	2검	번호	정답	1검	2검	번호	정답	1검	2검
46				65				84			
47				66				85			
48				67				86			
49				68				87			
50				69				88			
51				70				89			
52				71				90			
53				72				91			
54				73				92			
55				74				93			
56				75				94			
57				76				95			
58				77				96			
59				78				97			
60				79				98			
61				80				99			
62				81				100			
63				82							
64				83							

제9회 한자능력검정시험 4급Ⅱ 답안지(1)

번호	정답	1검	2검	번호	정답	1검	2검	번호	정답	1검	2검
1				16				31			
2				17				32			
3				18				33			
4				19				34			
5				20				35			
6				21				36			
7				22				37			
8				23				38			
9				24				39			
10				25				40			
11				26				41			
12				27				42			
13				28				43			
14				29				44			
15				30				45			

감독위원	채점위원(1)		채점위원(2)		채점위원(3)	
(서명)	(득점)	(서명)	(득점)	(서명)	(득점)	(서명)

※본 답안지는 컴퓨터로 처리되므로 구겨지거나 더렵혀지지 않도록 조심하시고 글씨를 칸 안에 또박또박 쓰십시오.

제9회 한자능력검정시험 4급Ⅱ 답안지(2)

번호	정답	1검	2검	번호	정답	1검	2검	번호	정답	1검	2검
46				65				84			
47				66				85			
48				67				86			
49				68				87			
50				69				88			
51				70				89			
52				71				90			
53				72				91			
54				73				92			
55				74				93			
56				75				94			
57				76				95			
58				77				96			
59				78				97			
60				79				98			
61				80				99			
62				81				100			
63				82							
64				83							

133

제10회 한자능력검정시험　4급Ⅱ 답안지(1)

번호	정답	1검	2검	번호	정답	1검	2검	번호	정답	1검	2검
1				16				31			
2				17				32			
3				18				33			
4				19				34			
5				20				35			
6				21				36			
7				22				37			
8				23				38			
9				24				39			
10				25				40			
11				26				41			
12				27				42			
13				28				43			
14				29				44			
15				30				45			

감독위원	채점위원(1)		채점위원(2)		채점위원(3)	
(서명)	(득점)	(서명)	(득점)	(서명)	(득점)	(서명)

제10회 한자능력검정시험 4급Ⅱ 답안지(2)

번호	정답	1검	2검	번호	정답	1검	2검	번호	정답	1검	2검
46				65				84			
47				66				85			
48				67				86			
49				68				87			
50				69				88			
51				70				89			
52				71				90			
53				72				91			
54				73				92			
55				74				93			
56				75				94			
57				76				95			
58				77				96			
59				78				97			
60				79				98			
61				80				99			
62				81				100			
63				82							
64				83							

제1회 한자능력검정시험 4급 답안지(1)

번호	답안란 정답	채점란 1검	2검	번호	답안란 정답	채점란 1검	2검	번호	답안란 정답	채점란 1검	2검
1				16				31			
2				17				32			
3				18				33			
4				19				34			
5				20				35			
6				21				36			
7				22				37			
8				23				38			
9				24				39			
10				25				40			
11				26				41			
12				27				42			
13				28				43			
14				29				44			
15				30				45			

감독위원	채점위원(1)		채점위원(2)		채점위원(3)	
(서명)	(득점)	(서명)	(득점)	(서명)	(득점)	(서명)

제1회 한자능력검정시험 4급 답안지(2)

번호	정답	1검	2검	번호	정답	1검	2검	번호	정답	1검	2검
46				65				84			
47				66				85			
48				67				86			
49				68				87			
50				69				88			
51				70				89			
52				71				90			
53				72				91			
54				73				92			
55				74				93			
56				75				94			
57				76				95			
58				77				96			
59				78				97			
60				79				98			
61				80				99			
62				81				100			
63				82							
64				83							

제2회 한자능력검정시험 4급 답안지(1)

답안란		채점란		답안란		채점란		답안란		채점란	
번호	정답	1검	2검	번호	정답	1검	2검	번호	정답	1검	2검
1				16				31			
2				17				32			
3				18				33			
4				19				34			
5				20				35			
6				21				36			
7				22				37			
8				23				38			
9				24				39			
10				25				40			
11				26				41			
12				27				42			
13				28				43			
14				29				44			
15				30				45			

감독위원	채점위원(1)		채점위원(2)		채점위원(3)	
(서명)	(득점)	(서명)	(득점)	(서명)	(득점)	(서명)

제2회 한자능력검정시험 4급 답안지(2)

번호	답안란 정답	채점란 1검	2검	번호	답안란 정답	채점란 1검	2검	번호	답안란 정답	채점란 1검	2검
46				65				84			
47				66				85			
48				67				86			
49				68				87			
50				69				88			
51				70				89			
52				71				90			
53				72				91			
54				73				92			
55				74				93			
56				75				94			
57				76				95			
58				77				96			
59				78				97			
60				79				98			
61				80				99			
62				81				100			
63				82							
64				83							

<table>
<tr><td>수험번호 □□□-□□-□□□□□</td><td>성명 □□□□□□</td></tr>
<tr><td>주민등록번호 □□□□□□□-□□□□□□□□□</td><td>※ 유성 싸인펜, 붉은색 필기구 사용 불가.</td></tr>
</table>

※답안지는 컴퓨터로 처리되므로 구기거나 더럽히지 마시고, 정답 칸 안에만 쓰십시오.
　글씨가 채점란으로 들어오면 오답처리가 됩니다.

제3회 한자능력검정시험　4급 답안지(1)

답안란		채점란		답안란		채점란		답안란		채점란	
번호	정답	1검	2검	번호	정답	1검	2검	번호	정답	1검	2검
1				16				31			
2				17				32			
3				18				33			
4				19				34			
5				20				35			
6				21				36			
7				22				37			
8				23				38			
9				24				39			
10				25				40			
11				26				41			
12				27				42			
13				28				43			
14				29				44			
15				30				45			

감독위원	채점위원(1)		채점위원(2)		채점위원(3)	
(서명)	(득점)	(서명)	(득점)	(서명)	(득점)	(서명)

제3회 한자능력검정시험 4급 답안지(2)

번호	정답	1검	2검	번호	정답	1검	2검	번호	정답	1검	2검
46				65				84			
47				66				85			
48				67				86			
49				68				87			
50				69				88			
51				70				89			
52				71				90			
53				72				91			
54				73				92			
55				74				93			
56				75				94			
57				76				95			
58				77				96			
59				78				97			
60				79				98			
61				80				99			
62				81				100			
63				82							
64				83							

<table>
<tr><td>수험번호
주민등록번호</td><td>성명
※ 유성 싸인펜, 붉은색 필기구 사용 불가.</td></tr>
</table>

※답안지는 컴퓨터로 처리되므로 구기거나 더럽히지 마시고, 정답 칸 안에만 쓰십시오.
　글씨가 채점란으로 들어오면 오답처리가 됩니다.

제4회 한자능력검정시험 4급 답안지(1)

답안란		채점란		답안란		채점란		답안란		채점란	
번호	정답	1검	2검	번호	정답	1검	2검	번호	정답	1검	2검
1				16				31			
2				17				32			
3				18				33			
4				19				34			
5				20				35			
6				21				36			
7				22				37			
8				23				38			
9				24				39			
10				25				40			
11				26				41			
12				27				42			
13				28				43			
14				29				44			
15				30				45			

감독위원	채점위원(1)		채점위원(2)		채점위원(3)	
(서명)	(득점)	(서명)	(득점)	(서명)	(득점)	(서명)

제4회 한자능력검정시험 4급 답안지(2)

번호	정답	1검	2검	번호	정답	1검	2검	번호	정답	1검	2검
46				65				84			
47				66				85			
48				67				86			
49				68				87			
50				69				88			
51				70				89			
52				71				90			
53				72				91			
54				73				92			
55				74				93			
56				75				94			
57				76				95			
58				77				96			
59				78				97			
60				79				98			
61				80				99			
62				81				100			
63				82							
64				83							

제5회 한자능력검정시험 4급 답안지(1)

답안란		채점란		답안란		채점란		답안란		채점란	
번호	정답	1검	2검	번호	정답	1검	2검	번호	정답	1검	2검
1				16				31			
2				17				32			
3				18				33			
4				19				34			
5				20				35			
6				21				36			
7				22				37			
8				23				38			
9				24				39			
10				25				40			
11				26				41			
12				27				42			
13				28				43			
14				29				44			
15				30				45			

감독위원	채점위원(1)		채점위원(2)		채점위원(3)	
(서명)	(득점)	(서명)	(득점)	(서명)	(득점)	(서명)

제5회 한자능력검정시험 4급 답안지(2)

번호	정답	1검	2검	번호	정답	1검	2검	번호	정답	1검	2검
	답안란	채점란			답안란	채점란			답안란	채점란	
46				65				84			
47				66				85			
48				67				86			
49				68				87			
50				69				88			
51				70				89			
52				71				90			
53				72				91			
54				73				92			
55				74				93			
56				75				94			
57				76				95			
58				77				96			
59				78				97			
60				79				98			
61				80				99			
62				81				100			
63				82							
64				83							

제6회 한자능력검정시험 4급 답안지(1)

번호	정답	1검	2검	번호	정답	1검	2검	번호	정답	1검	2검
1				16				31			
2				17				32			
3				18				33			
4				19				34			
5				20				35			
6				21				36			
7				22				37			
8				23				38			
9				24				39			
10				25				40			
11				26				41			
12				27				42			
13				28				43			
14				29				44			
15				30				45			

감독위원	채점위원(1)		채점위원(2)		채점위원(3)	
(서명)	(득점)	(서명)	(득점)	(서명)	(득점)	(서명)

제6회 한자능력검정시험 4급 답안지(2)

답안란		채점란		답안란		채점란		답안란		채점란	
번호	정답	1검	2검	번호	정답	1검	2검	번호	정답	1검	2검
46				65				84			
47				66				85			
48				67				86			
49				68				87			
50				69				88			
51				70				89			
52				71				90			
53				72				91			
54				73				92			
55				74				93			
56				75				94			
57				76				95			
58				77				96			
59				78				97			
60				79				98			
61				80				99			
62				81				100			
63				82							
64				83							

수험번호 □□□-□□-□□□□   성명 □□□□□

주민등록번호 □□□□□□-□□□□□□□   ※ 유성 싸인펜, 붉은색 필기구 사용 불가.

※답안지는 컴퓨터로 처리되므로 구기거나 더럽히지 마시고, 정답 칸 안에만 쓰십시오.
　글씨가 채점란으로 들어오면 오답처리가 됩니다.

제7회 한자능력검정시험 4급 답안지(1)

답안란		채점란		답안란		채점란		답안란		채점란	
번호	정답	1검	2검	번호	정답	1검	2검	번호	정답	1검	2검
1				16				31			
2				17				32			
3				18				33			
4				19				34			
5				20				35			
6				21				36			
7				22				37			
8				23				38			
9				24				39			
10				25				40			
11				26				41			
12				27				42			
13				28				43			
14				29				44			
15				30				45			

감독위원	채점위원(1)		채점위원(2)		채점위원(3)	
(서명)	(득점)	(서명)	(득점)	(서명)	(득점)	(서명)

제7회 한자능력검정시험 4급 답안지(2)

번호	정답	1검	2검	번호	정답	1검	2검	번호	정답	1검	2검
46				65				84			
47				66				85			
48				67				86			
49				68				87			
50				69				88			
51				70				89			
52				71				90			
53				72				91			
54				73				92			
55				74				93			
56				75				94			
57				76				95			
58				77				96			
59				78				97			
60				79				98			
61				80				99			
62				81				100			
63				82							
64				83							

<table>
<tr><td>수험번호</td><td colspan="2"></td><td>성명</td><td colspan="2"></td></tr>
<tr><td>주민등록번호</td><td colspan="2"></td><td colspan="3">※ 유성 싸인펜, 붉은색 필기구 사용 불가.</td></tr>
</table>

※답안지는 컴퓨터로 처리되므로 구기거나 더럽히지 마시고, 정답 칸 안에만 쓰십시오.
　글씨가 채점란으로 들어오면 오답처리가 됩니다.

제8회 한자능력검정시험　4급 답안지(1)

답안란		채점란		답안란		채점란		답안란		채점란	
번호	정답	1검	2검	번호	정답	1검	2검	번호	정답	1검	2검
1				16				31			
2				17				32			
3				18				33			
4				19				34			
5				20				35			
6				21				36			
7				22				37			
8				23				38			
9				24				39			
10				25				40			
11				26				41			
12				27				42			
13				28				43			
14				29				44			
15				30				45			

감독위원	채점위원(1)		채점위원(2)		채점위원(3)	
(서명)	(득점)	(서명)	(득점)	(서명)	(득점)	(서명)

제8회 한자능력검정시험 4급 답안지(2)

답안란		채점란		답안란		채점란		답안란		채점란	
번호	정답	1검	2검	번호	정답	1검	2검	번호	정답	1검	2검
46				65				84			
47				66				85			
48				67				86			
49				68				87			
50				69				88			
51				70				89			
52				71				90			
53				72				91			
54				73				92			
55				74				93			
56				75				94			
57				76				95			
58				77				96			
59				78				97			
60				79				98			
61				80				99			
62				81				100			
63				82							
64				83							

제9회 한자능력검정시험 4급 답안지(1)

번호	정답	1검	2검	번호	정답	1검	2검	번호	정답	1검	2검
1				16				31			
2				17				32			
3				18				33			
4				19				34			
5				20				35			
6				21				36			
7				22				37			
8				23				38			
9				24				39			
10				25				40			
11				26				41			
12				27				42			
13				28				43			
14				29				44			
15				30				45			

감독위원	채점위원(1)		채점위원(2)		채점위원(3)	
(서명)	(득점)	(서명)	(득점)	(서명)	(득점)	(서명)

제9회 한자능력검정시험 4급 답안지(2)

답안란		채점란		답안란		채점란		답안란		채점란	
번호	정답	1검	2검	번호	정답	1검	2검	번호	정답	1검	2검
46				65				84			
47				66				85			
48				67				86			
49				68				87			
50				69				88			
51				70				89			
52				71				90			
53				72				91			
54				73				92			
55				74				93			
56				75				94			
57				76				95			
58				77				96			
59				78				97			
60				79				98			
61				80				99			
62				81				100			
63				82							
64				83							

<table>
<tr><td>수험번호 □□□-□□-□□□□</td><td colspan="2">성명 □□□□□</td></tr>
<tr><td>주민등록번호 □□□□□□-□□□□□□□</td><td colspan="2">※ 유성 싸인펜, 붉은색 필기구 사용 불가.</td></tr>
</table>

※답안지는 컴퓨터로 처리되므로 구기거나 더럽히지 마시고, 정답 칸 안에만 쓰십시오.
 글씨가 채점란으로 들어오면 오답처리가 됩니다.

제10회 한자능력검정시험 4급 답안지(1)

답안란		채점란		답안란		채점란		답안란		채점란	
번호	정답	1검	2검	번호	정답	1검	2검	번호	정답	1검	2검
1				16				31			
2				17				32			
3				18				33			
4				19				34			
5				20				35			
6				21				36			
7				22				37			
8				23				38			
9				24				39			
10				25				40			
11				26				41			
12				27				42			
13				28				43			
14				29				44			
15				30				45			

감독위원	채점위원(1)		채점위원(2)		채점위원(3)	
(서명)	(득점)	(서명)	(득점)	(서명)	(득점)	(서명)

제10회 한자능력검정시험 4급 답안지(2)

번호	답안란 정답	채점란 1검	2검	번호	답안란 정답	채점란 1검	2검	번호	답안란 정답	채점란 1검	2검
46				65				84			
47				66				85			
48				67				86			
49				68				87			
50				69				88			
51				70				89			
52				71				90			
53				72				91			
54				73				92			
55				74				93			
56				75				94			
57				76				95			
58				77				96			
59				78				97			
60				79				98			
61				80				99			
62				81				100			
63				82							
64				83							

정답

제1회 한자능력검정시험 4급Ⅱ 답안지(1)

번호	정답	1검	2검	번호	정답	1검	2검	번호	정답	1검	2검
1	공중			16	경주			31	방문		
2	使用			17	사감			32	경계		
3	一定			18	상념			33	감원		
4	場所			19	총력			34	송금		
5	설치			20	표결			35	연기		
6	種類			21	흡연			36	육신		
7	通話			22	전원			37	장벽		
8	敎養			23	비치			38	협조		
9	行動			24	인도			39	종교		
10	이동			25	여구			40	치석		
11	발달			26	액체			41	분포		
12	증가			27	파동			42	희망		
13	차례			28	이주			43	물러날 퇴		
14	감흥			29	안식			44	더할 증		
15	소질			30	효부			45	그늘 음		

감독위원	채점위원(1)		채점위원(2)		채점위원(3)	
(서명)	(득점)	(서명)	(득점)	(서명)	(득점)	(서명)

번호	정답	1검	2검	번호	정답	1검	2검	번호	정답	1검	2검
46	슬플 비			65	到來			84	勞		
47	막을 방			66	幸福			85	着		
48	독 독			67	勇士			86	祝		
49	직분 직			68	臣下			87	舊		
50	이지러질 결			69	醫科			88	正		
51	다스릴 치			70	無效			89	路		
52	한할 한			71	充分			90	待		
53	벌레 충			72	參見			91	空		
54	닦을 수			73	種族			92	団		
55	찰 만			74	溫氣			93	軽		
56	지날·글 경			75	奉養			94	宝		
57	부자 부			76	陸路			95	入		
58	같을 여			77	價格			96	刀(刂)		
59	돌아올 회			78	決			97	虍		
60	도장 인			79	貧			98	일부러 한 행위		
61	이을 접			80	所			99	온갖 말을 다하여		
62	금할 금			81	牛			100	어떤 행위를 못하게 막음		
63	지킬 위			82	良						
64	덜 제			83	過						

제2회 한자능력검정시험 4급Ⅱ 답안지(1)

번호	정답	1검	2검	번호	정답	1검	2검	번호	정답	1검	2검
1	反省			16	단원			31	고향		
2	上記			17	대접			32	가요		
3	本人			18	완치			33	침해		
4	기한			19	소포			34	공항		
5	課題			20	시비			35	회복		
6	責任			21	모근			36	수양		
7	진심			22	관직			37	인맥		
8	사과			23	개성			38	담당		
9	장차			24	비감			39	결석		
10	사태			25	쾌승			40	승복		
11	發生			26	한계			41	총성		
12	미연			27	증가			42	향기		
13	방지			28	의논			43	은혜 은		
14	約束			29	상식			44	호반 무		
15	속담			30	업무			45	글귀 구		

감독위원	채점위원(1)	채점위원(2)	채점위원(3)
(서명)	(득점)　(서명)	(득점)　(서명)	(득점)　(서명)

번호	정답	1검	2검	번호	정답	1검	2검	번호	정답	1검	2검
	답안란	채점란			답안란	채점란			답안란	채점란	
46	검사할 검			65	代價			84	惡			
47	영화 영			66	格式			85	陸			
48	끊을 절			67	凶惡			86	成			
49	바랄 희			68	勞使			87	記			
50	뜻 지			69	關心			88	分			
51	부처 불			70	題目			89	公			
52	지경 경			71	鮮明			90	正			
53	아닐 비			72	基本			91	音			
54	순수할 순			73	流水			92	独			
55	정사 정			74	藥局			93	参			
56	곳 처			75	任命			94	関			
57	성인 성			76	傳記			95	心			
58	쓸 소			77	筆體			96	口			
59	다 총			78	行			97	水			
60	편안 강			79	識			98	대나무로 일용품을 만드는 사람			
61	거스를 역			80	死			99	함께 데리고 감			
62	대적할 적			81	善			100	농작물을 해마다 바꿔 심음			
63	시험 험			82	弟							
64	하·할 위			83	農							

159

제3회 한자능력검정시험 4급Ⅱ 답안지(1)

번호	정답	1검	2검	번호	정답	1검	2검	번호	정답	1검	2검
	답안란	채점란			답안란	채점란			답안란	채점란	
1	항공			16	별미			31	박식		
2	인상			17	연구			32	검정		
3	旅行			18	인장			33	정부		
4	宿所			19	적장			34	진담		
5	變動			20	결백			35	해결		
6	진행			21	무기			36	규율		
7	미항			22	수강			37	구직		
8	觀光			23	존경			38	건강		
9	雲海			24	혈통			39	왕래		
10	향수			25	은혜			40	지당		
11	見學			26	현명			41	장차		
12	品格			27	여전			42	감흥		
13	노력			28	보물			43	대 죽		
14	배상			29	목동			44	갖출 비		
15	단독			30	계장			45	터럭 모		

감독위원	채점위원(1)		채점위원(2)		채점위원(3)	
(서명)	(득점)	(서명)	(득점)	(서명)	(득점)	(서명)

번호	정답	1검	2검	번호	정답	1검	2검	번호	정답	1검	2검
46	살필 찰			65	能力			84	卒(士)		
47	구슬 옥			66	信念			85	惡		
48	항구 항			67	結束			86	發		
49	방 방			68	當直			87	着		
50	권세 권			69	局面			88	實		
51	나눌·짝 배			70	重要			89	讀		
52	벼슬 관			71	節食			90	動		
53	마실 흡			72	必勝			91	非		
54	펼 연			73	化身			92	広		
55	벽 벽			74	偉業			93	号		
56	밭 전			75	順位			94	当		
57	베풀 설			76	習得			95	口		
58	거리 가			77	德分			96	墨		
59	쾌할 쾌			78	齒			97	目		
60	머무를 류			79	結			98	규칙적인 몸의 움직임		
61	연고 고			80	惡			99	둘 사이를 멀어 지게 함		
62	절제할 제			81	親			100	정원이 가득 참		
63	연구할 구			82	義						
64	재주 예			83	石						

제4회 한자능력검정시험 4급Ⅱ 답안지(1)

번호	정답	1검	2검	번호	정답	1검	2검	번호	정답	1검	2검
	답안란	채점란			답안란	채점란			답안란	채점란	
1	大韓			16	박애			31	반복		
2	獨立			17	주의			32	전진		
3	對答			18	理念			33	난관		
4	정부			19	산사			34	부상		
5	부귀			20	염불			35	지목		
6	영광			21	포수			36	나열		
7	희망			22	연기			37	강의		
8	성인			23	부자			38	풍족		
9	天堂			24	노기			39	경사		
10	극락			25	흥미			40	벽보		
11	民族			26	기공			41	논리		
12	歷史			27	비행			42	양면		
13	完然			28	절교			43	밀림		
14	人類			29	희망			44	직무		
15	平等			30	두호			45	지극		

감독위원	채점위원(1)		채점위원(2)		채점위원(3)	
(서명)	(득점)	(서명)	(득점)	(서명)	(득점)	(서명)

제4회 한자능력검정시험 4급II 답안지(2)

번호	정답	1검	2검	번호	정답	1검	2검	번호	정답	1검	2검
	답안란	채점란			답안란	채점란			답안란	채점란	
46	재 성			65	힘쓸 노			84	凶		
47	지탱할 지			66	감독할 독			85	集		
48	구할 구			67	준할 준			86	要		
49	얼굴 용			68	變動			87	歲		
50	빌 허			69	史實			88	性		
51	상 상			70	發惡			89	思		
52	건널 제			71	展望			90	商		
53	낱 개			72	養成			91	化		
54	모습 태			73	質問			92	区		
55	양 양			74	特命			93	礼		
56	쌓을 축			75	溫情			94	読		
57	보낼 송			76	元氣			95	力		
58	거짓 가			77	卒然			96	木		
59	맛 미			78	患			97	手		
60	연기 연			79	聞			98	행동이나 분위기가 거칠고 무시무시함		
61	깨끗할 결			80	下			99	정한 수효나 정도에 차지 못함		
62	이를 조			81	至			100	남몰래 넌지시 일러바침		
63	일 흥			82	前						
64	웃음 소			83	實						

제5회 한자능력검정시험 4급Ⅱ 답안지(1)

번호	정답	1검	2검	번호	정답	1검	2검	번호	정답	1검	2검
	답안란	채점란			답안란	채점란			답안란	채점란	
1	수준			16	午後			31	단식		
2	시행			17	分野			32	기록		
3	新入			18	合格			33	연속		
4	사원			19	發表			34	청동		
5	경력			20	卒業			35	녹두		
6	상시			21	가정			36	사사		
7	人材			22	기량			37	강변		
8	증가			23	만기			38	평상		
9	今年			24	예방			39	영장		
10	차례			25	대열			40	위생		
11	公開			26	입시			41	궁중		
12	도입			27	살벌			42	응답		
13	실무			28	난방			43	제출		
14	확보			29	염불			44	감독		
15	書類			30	강구			45	청구		

감독위원	채점위원(1)		채점위원(2)		채점위원(3)	
(서명)	(득점)	(서명)	(득점)	(서명)	(득점)	(서명)

제5회 한자능력검정시험 4급Ⅱ 답안지(2)

답안란		채점란		답안란		채점란		답안란		채점란	
번호	정답	1검	2검	번호	정답	1검	2검	번호	정답	1검	2검
46	갈 왕			65	헤아릴 측			84	失		
47	가난할 빈			66	한도·길 정			85	明		
48	성낼 노			67	별 성			86	法		
49	풍속 속			68	學歷			87	兵		
50	총 총			69	的中			88	識		
51	등 배			70	客席			89	是		
52	그르칠 오			71	名唱			90	失		
53	덜 감			72	奉仕			91	年		
54	가질 취			73	利己			92	晝		
55	인도할 도			74	獨立			93	鉄		
56	제사 제			75	約束			94	争		
57	월 강			76	所聞			95	土		
58	며느리 부			77	種類			96	巾		
59	고기 육			78	讀			97	舌		
60	줄기 맥			79	熱			98	가축을 놓아기르는 곳		
61	시골 향			80	反			99	임금의 자리		
62	인원 원			81	因			100	비치하는 물품		
63	지을 조			82	初						
64	좋을 호			83	畫						

제6회 한자능력검정시험 4급Ⅱ 답안지(1)

번호	정답	1검	2검	번호	정답	1검	2검	번호	정답	1검	2검
1	當身			16	유학			31	권세		
2	평소			17	시도			32	엄격		
3	信念			18	고성			33	열거		
4	야당			19	미결			34	정성		
5	연대			20	제안			35	설계		
6	結局			21	속개			36	보장		
7	국론			22	배후			37	달성		
8	통일			23	저공			38	파산		
9	變化			24	해독			39	창립		
10	集會			25	호국			40	금지		
11	參席			26	경고			41	퇴직		
12	公正			27	조급			42	세심		
13	가두			28	득남			43	새 조		
14	행진			29	빈민			44	힘쓸 무		
15	단정			30	사택			45	볼 감		

감독위원	채점위원(1)		채점위원(2)		채점위원(3)	
(서명)	(득점)	(서명)	(득점)	(서명)	(득점)	(서명)

번호	정답	1검	2검	번호	정답	1검	2검	번호	정답	1검	2검
46	멜 담			65	半面			84	舊		
47	둘 치			66	注意			85	順		
48	마을·관청 부			67	記號			86	束		
49	장수 장			68	朗讀			87	切		
50	거둘 수			69	廣告			88	客		
51	물결 파			70	決定			89	古		
52	응할 응			71	順産			90	良		
53	배 항			72	童男			91	氣		
54	가 변			73	事例			92	擧		
55	집 궁			74	勇氣			93	藥		
56	높을 존			75	舊面			94	来		
57	쌀 포			76	晝間			95	犬		
58	의논할 의			77	兵士			96	耳		
59	굳을 확			78	萬			97	糸		
60	맬 계			79	强			98	그릇된 짓		
61	이·옳을 시			80	忠			99	성의로 낸 돈		
62	칠 목			81	殺			100	쓸어서 깨끗하게 함		
63	도울 조			82	得						
64	풍년 풍			83	結						

제7회 한자능력검정시험 4급Ⅱ 답안지(1)

번호	정답	1검	2검	번호	정답	1검	2검	번호	정답	1검	2검
	답안란	채점란			답안란	채점란			답안란	채점란	
1	宅地			16	科目			31	구제		
2	과정			17	卒業			32	보고		
3	一部			18	요구			33	세금		
4	특혜			19	練習			34	조경		
5	제기			20	效果			35	복제		
6	논란			21	배달			36	수지		
7	발단			22	시성			37	이익		
8	당초			23	구절			38	태도		
9	시인			24	단군			39	심야		
10	結局			25	안목			40	포악		
11	지경			26	처벌			41	시찰		
12	結實			27	의병			42	준비		
13	시험			28	향토			43	호주		
14	廣告			29	사과			44	소제		
15	歷史			30	오색등			45	저축		

감독위원	채점위원(1)		채점위원(2)		채점위원(3)	
(서명)	(득점)	(서명)	(득점)	(서명)	(득점)	(서명)

제7회 한자능력검정시험 4급II 답안지(2)

번호	정답	1검	2검	번호	정답	1검	2검	번호	정답	1검	2검
	답안란	채점란			답안란	채점란			답안란	채점란	
46	끌 인			65	고울 려			84	凶		
47	아닐 미			66	막을 장			85	今		
48	마루 종			67	시험 시			86	話		
49	따뜻할 난			68	見聞			87	具		
50	쉴 식			69	元氣			88	京		
51	이 치			70	相當			89	過		
52	진 액			71	品質			90	團		
53	말 두			72	各界			91	問		
54	정할 정			73	典當			92	観(观)		
55	풀 해			74	着席			93	写		
56	끌 제			75	衣服			94	会		
57	지킬 수			76	練習			95	手		
58	가리킬 지			77	財産			96	土		
59	청할 청			78	無			97	木		
60	홑 단			79	樂			98	웃으며 이야기함		
61	도울 호			80	共			99	잘잘못		
62	달릴 주			81	兩			100	이미 발간된 책에 잇대어 발간한 책		
63	경사 경			82	通						
64	옮길 이			83	方						

제8회 한자능력검정시험 4급Ⅱ 답안지(1)

번호	정답	1검	2검	번호	정답	1검	2검	번호	정답	1검	2검
	답안란	채점란			답안란	채점란			답안란	채점란	
1	한계			16	축제			31	목록		
2	경지			17	촌음			32	출혈		
3	도달			18	관측			33	면접		
4	代表			19	암실			34	성문		
5	訓練			20	강제			35	경내		
6	과정			21	화물			36	직분		
7	관찰			22	위주			37	허약		
8	氣合			23	건축			38	유익		
9	부단			24	쾌락			39	소득		
10	戰士			25	지조			40	요구		
11	決意			26	수리			41	정권		
12	외부			27	신고			42	신청		
13	結局			28	보호			43	깨우칠 경		
14	존경			29	오해			44	베풀 시		
15	가소			30	감소			45	이을 련		

감독위원	채점위원(1)		채점위원(2)		채점위원(3)	
(서명)	(득점)	(서명)	(득점)	(서명)	(득점)	(서명)

번호	정답	1검	2검	번호	정답	1검	2검	번호	정답	1검	2검
46	박달나무 단			65	雨天			84	高		
47	걸음 보			66	古今			85	答		
48	재물 화			67	新鮮			86	空		
49	벌할 벌			68	角度			87	過		
50	대포 포			69	週間			88	念		
51	논할 론			70	通念			89	步		
52	충성 충			71	物産			90	富		
53	버금 차			72	同窓			91	受		
54	등 등			73	課業			92	黑		
55	넓을 박			74	向方			93	体		
56	무리 당			75	放心			94	医		
57	화할 협			76	永遠			95	羊		
58	즈음·가 제			77	計算			96	米		
59	구리 동			78	口			97	日		
60	깨뜨릴 파			79	衣			98	잘 이해하여 복종함		
61	일어날 기			80	弱			99	실제로 시행함		
62	이를 지			81	語			100	마찬가지로		
63	집 호			82	友						
64	알 인			83	樂						

번호	정답	1검	2검	번호	정답	1검	2검	번호	정답	1검	2검
	답안란	채점란			답안란	채점란			답안란	채점란	
1	음성			16	지극			31	동원		
2	전파			17	一切			32	협약		
3	방송			18	경지			33	순진		
4	特定			19	도달			34	정사		
5	有線			20	상념			35	유성		
6	시행			21	제명			36	역경		
7	수신			22	수업			37	지시		
8	強力			23	서예			38	세력		
9	行使			24	호명			39	침해		
10	道德			25	파격			40	양모		
11	責任			26	관중			41	도처		
12	反面			27	보은			42	충성		
13	空中			28	용인			43	풍부		
14	時間			29	충치			44	이식		
15	경과			30	시선			45	고의		

감독위원	채점위원(1)		채점위원(2)		채점위원(3)	
(서명)	(득점)	(서명)	(득점)	(서명)	(득점)	(서명)

번호	정답	1검	2검	번호	정답	1검	2검	번호	정답	1검	2검
	답안란	채점란			답안란	채점란			답안란	채점란	
46	띠 대			65	모을 축			84	始		
47	벌릴 라			66	본디·흴 소			85	直		
48	어려울 난			67	사나울 폭 / 모질 포			86	奉		
49	찾을 방			68	雲集			87	良		
50	누를 압			69	筆記			88	廣		
51	다할·극진할 극			70	識別			89	士		
52	갚을·알릴 보			71	敬老			90	私		
53	끝 단			72	以上			91	首		
54	법칙 률			73	部首			92	学		
55	칠 벌			74	調理			93	号		
56	벌릴 렬			75	告白			94	発		
57	은혜 혜			76	說話			95	走		
58	어두울 암			77	觀相			96	目		
59	지을 제			78	業			97	勹		
60	거느릴 통			79	實			98	시력이 미치는 범위		
61	낮을 저			80	弟			99	사물을 보고 분별하는 능력		
62	둥글 원			81	半			100	보고하는 것		
63	나아갈 진			82	通						
64	사례할 사			83	勝						

제10회 한자능력검정시험 4급Ⅱ 답안지(1)

번호	정답	1검	2검	번호	정답	1검	2검	번호	정답	1검	2검
	답안란	채점란			답안란	채점란			답안란	채점란	
1	廣大			16	호감			31	사찰		
2	진취			17	시상			32	보병		
3	창조			18	정도			33	성대		
4	도처			19	취조			34	협동		
5	發見			20	시인			35	영광		
6	音樂			21	설치			36	속보		
7	風流			22	압승			37	율동		
8	格式			23	길조			38	여담		
9	自由			24	수입			39	수액		
10	미래			25	체험			40	차례		
11	展望			26	시집			41	방문		
12	준비			27	천혜			42	결격		
13	전통			28	옥체			43	보배 보		
14	명맥			29	수비			44	형세 세		
15	제한			30	허용			45	얻을 득		

감독위원	채점위원(1)		채점위원(2)		채점위원(3)	
(서명)	(득점)	(서명)	(득점)	(서명)	(득점)	(서명)

번호	정답	1검	2검	번호	정답	1검	2검	번호	정답	1검	2검
46	비롯할 창			65	友軍			84	民		
47	빽빽할 밀			66	一切			85	向		
48	통달할 달			67	歲月			86	觀		
49	두 량			68	團結			87	團		
50	끊을 단			69	旅路			88	類		
51	절 배			70	商店			89	長		
52	부를 호			71	知識			90	週		
53	그릇 기			72	高速			91	前		
54	노래 요			73	性品			92	実		
55	표 표			74	宅地			93	悪		
56	형상 상 / 문서 장			75	兒童			94	万		
57	침노할 침			76	過多			95	豆		
58	참 진			77	充實			96	香		
59	회복할 복 / 다시 부			78	再			97	口		
60	더할 익			79	十			98	변함없이 전과 같음		
61	베·펼 포 / 보시 보			80	歲			99	남은 힘		
62	기록할 록			81	意			100	지나간 해		
63	무리 중			82	獨						
64	무리 대			83	來						

제1회 한자능력검정시험 4급 답안지(1)

번호	정답	1검	2검	번호	정답	1검	2검	번호	정답	1검	2검
	답안란	채점란			답안란	채점란			답안란	채점란	
1	각고			16	입시			31	연료		
2	휴가			17	수입			32	용이		
3	사려			18	적군			33	고요할 정		
4	선도			19	공적			34	판단할 판		
5	성대			20	전곡			35	무리 군		
6	구설수			21	치과			36	다할·궁할 궁		
7	이견			22	의사			37	고를 균		
8	의식			23	상태			38	분할 분		
9	고층			24	고통			39	가루 분		
10	온천			25	고향			40	미리 예		
11	걸작			26	양계			41	맞을 영		
12	검소			27	계승			42	좇을 종		
13	유학			28	박자			43	붉을 주		
14	인맥			29	방해			44	나타날 현		
15	기록			30	지역			45	씨 핵		

감독위원	채점위원(1)		채점위원(2)		채점위원(3)	
(서명)	(득점)	(서명)	(득점)	(서명)	(득점)	(서명)

제1회 한자능력검정시험 4급 답안지(2)

번호	정답	1검	2검	번호	정답	1검	2검	번호	정답	1검	2검
46	들일 납			65	臼			84	車費		
47	층계 단			66	田			85	熱心		
48	쏠 사			67	択			86	英才		
49	말씀 사			68	価			87	平均		
50	근원 원			69	体			88	知能		
51	맡길 위			70	家計			89	創意性		
52	보배 진			71	私有			90	定義		
53	다할 진			72	植樹			91	쉬울		
54	기릴 찬			73	어떤 사람			92	바꿀		
55	①			74	책임지고 맡아 관리함			93	난이도		
56	③			75	여러 가지 재주			94	역서		
57	⑩			76	動			95	異常		
58	健			77	戰			96	溫度		
59	打			78	書			97	現狀		
60	獨			79	爲			98	절반		
61	冷			80	骨			99	적금		
62	當			81	對話			100	必要		
63	弟			82	頭角						
64	扌(手)			83	分業						

제2회 한자능력검정시험 4급 답안지(1)

번호	정답	1검	2검	번호	정답	1검	2검	번호	정답	1검	2검
	답안란	채점란			답안란	채점란			답안란	채점란	
1	방영			16	매진			31	진열		
2	예감			17	직물			32	답사		
3	생존			18	진귀			33	②		
4	종속			19	홍안			34	⑤		
5	험담			20	혼합			35	⑩		
6	개혁			21	중후			36	일컬을 칭		
7	완납			22	환희			37	찾을 탐		
8	발사			23	간편			38	이을 계		
9	위임			24	여간			39	쇳돌 광		
10	영업			25	판각			40	곡식 곡		
11	사견			26	강우			41	터럭 발		
12	응원			27	과감			42	말씀 변		
13	위급			28	거절			43	이마 액		
14	포위			29	관람			44	바꿀 역/쉬울 이		
15	잡지			30	감수			45	탈 연		

감독위원	채점위원(1)		채점위원(2)		채점위원(3)	
(서명)	(득점)	(서명)	(득점)	(서명)	(득점)	(서명)

<table>
<tr><th colspan="2">제2회 한자능력검정시험 4급 답안지(2)</th><th></th><th></th><th colspan="2"></th><th></th><th></th><th colspan="2"></th><th></th><th></th></tr>
</table>

	답안란	채점란			답안란	채점란			답안란	채점란	
번호	정답	1검	2검	번호	정답	1검	2검	번호	정답	1검	2검
46	가지런할 정			65	選出			84	陽		
47	짤 조			66	親選			85	他		
48	평할 평			67	坐席			86	終		
49	피할 피			68	先頭			87	寸		
50	더불·줄 여			69	幸運			88	宀		
51	칠 박			70	敎育			89	止		
52	곤할 곤			71	遠大			90	心		
53	갈래 파			72	院長			91	目		
54	칠 토			73	良書			92	正		
55	晝夜			74	着手			93	藥		
56	注入			75	変			94	近		
57	團結			76	広			95	感謝		
58	競合			77	図			96	事前		
59	共生			78	폭발하듯 갑자기 웃는 웃음			97	日程		
60	曲解			79	물이 흘러나오는 근원, 사물의 근원			98	季節		
61	登場			80	형세나 세력 따위가 한창 왕성한 시기			99	制度		
62	朗讀			81	獨			100	地境		
63	旅費			82	格						
64	相當			83	成						

제3회 한자능력검정시험 4급 답안지(1)

번호	정답	1검	2검	번호	정답	1검	2검	번호	정답	1검	2검
	답안란	채점란			답안란	채점란			답안란	채점란	
1	피곤			16	우대			31	사담		
2	표시			17	주류			32	상처		
3	한가			18	우송			33	흩을 산		
4	귀가			19	종로			34	도울 원		
5	극장			20	주변			35	에워쌀 위		
6	근무			21	개헌			36	기록할 지		
7	신기			22	핵심			37	빛날 화		
8	기념			23	분노			38	죽일 살 / 감할·빠를 쇄		
9	부인			24	위험			39	남길 유		
10	항의			25	형사			40	섞을 혼		
11	연유			26	도주			41	볼 간		
12	비판			27	도난			42	내릴 강 / 항복할 항		
13	상영			28	기회			43	클 거		
14	예매			29	납득			44	볼 람		
15	영리			30	비밀			45	숨을 은		

감독위원	채점위원(1)		채점위원(2)		채점위원(3)	
(서명)	(득점)	(서명)	(득점)	(서명)	(득점)	(서명)

번호	정답	1검	2검	번호	정답	1검	2검	번호	정답	1검	2검
	답안란	채점란			답안란	채점란			답안란	채점란	
46	간략할·약할 략			65	巾			84	舊式		
47	의지할 의			66	尸			85	便利		
48	베풀 장			67	医			86	世界		
49	남을 잔			68	経			87	列強		
50	의심할 의			69	万			88	文明		
51	베풀 선			70	經費			89	發展		
52	매울 렬			71	宣傳			90	勝負		
53	깨달을 각			72	自制			91	예술		
54	모양 자			73	잘 들을 수 없는 상태			92	연장		
55	④			74	속도가 매우 빠름			93	곡조		
56	⑤			75	좋은 평가			94	遺音		
57	⑧			76	味			95	固有		
58	質			77	說			96	樂器		
59	期			78	失			97	鄕土		
60	兒			79	價			98	편할		
61	悲			80	苦			99	변		
62	黑			81	參見			100	다시		
63	集			82	靑春						
64	彳			83	空間						

제4회 한자능력검정시험 4급 답안지(1)

번호	정답	1검	2검	번호	정답	1검	2검	번호	정답	1검	2검
	답안란	채점란			답안란	채점란			답안란	채점란	
1	우유			16	청사			31	거역		
2	유흥			17	원천			32	유생		
3	은거			18	초청			33	②		
4	결혼			19	유추			34	③		
5	화려			20	단축			35	⑤		
6	동갑			21	취임			36	방해할 방		
7	거부			22	갱생			37	늘일 연		
8	약도			23	충견			38	점 점		
9	식량			24	격파			39	임금 제		
10	선언			25	경탄			40	불터질 폭		
11	속성			26	경계			41	표할 표		
12	상이			27	면학			42	한가할 한		
13	자태			28	모조			43	돌아갈 귀		
14	자매			29	취향			44	부칠 기		
15	복잡			30	설전			45	겹칠 복		

감독위원	채점위원(1)	채점위원(2)	채점위원(3)
(서명)	(득점)　(서명)	(득점)　(서명)	(득점)　(서명)

번호	정답	1검	2검	번호	정답	1검	2검	번호	정답	1검	2검
	답안란	채점란			답안란	채점란			답안란	채점란	
46	질 부			65	洋食			84	賞		
47	피곤할 피			66	夏期			85	給		
48	겨룰 항			67	放學			86	輕		
49	굽힐 굴			68	水路			87	黑		
50	권할 권			69	往復			88	土		
51	힘줄 근			70	家庭			89	广		
52	넓을 보			71	感情			90	命		
53	인연 연			72	再昨年			91	異		
54	비칠 영			73	旅行			92	相		
55	幸福			74	靑年			93	外		
56	困難			75	旧			94	辭		
57	過去			76	売			95	貴重		
58	後代			77	労			96	死守		
59	俗談			78	따끔한 충고			97	至誠		
60	朝鮮			79	미리 일러서 알게 함			98	살필 성		
61	衛生			80	스스로 자기의 가치를 믿는 마음			99	덜 생		
62	注意			81	團			100	항상		
63	改良			82	理						
64	平民			83	朴						

<table>
<tr><td colspan="3" align="center">제5회 한자능력검정시험 4급 답안지(1)</td></tr>
<tr><td colspan="4" align="center">답안란</td><td colspan="2" align="center">채점란</td><td colspan="4" align="center">답안란</td><td colspan="2" align="center">채점란</td><td colspan="4" align="center">답안란</td><td colspan="2" align="center">채점란</td></tr>
</table>

번호	정답	1검	2검	번호	정답	1검	2검	번호	정답	1검	2검
1	혼담			16	비자금			31	출판		
2	화촉			17	의심			32	독점		
3	환영			18	주장			33	재물 자		
4	열화			19	취미			34	밀 추		
5	성황			20	계절			35	붙일 속		
6	간단			21	초대			36	어지러울 란		
7	감주			22	걸출			37	생각할 려		
8	거금			23	경청			38	혀 설		
9	간판			24	중견			39	거동 의		
10	감행			25	절묘			40	어질 인		
11	대략			26	무곡			41	손윗누이 자		
12	회람			27	갱신			42	장할 장		
13	혼란			28	손실			43	들을 청		
14	근육			29	사적			44	부를 초		
15	독설			30	전념			45	뛰어날 걸		

감독위원	채점위원(1)		채점위원(2)		채점위원(3)
(서명)	(득점)	(서명)	(득점)	(서명)	(득점)

번호	정답	1검	2검	번호	정답	1검	2검	번호	정답	1검	2검
	답안란	채점란			답안란	채점란			답안란	채점란	
46	검소할 검			65	皿			84	信念		
47	격할 격			66	里			85	傳說		
48	굳을 견			67	号			86	建國		
49	힘쓸 면			68	当			87	分列		
50	본뜰 모			69	会			88	半島		
51	덜 손			70	盛大			89	文物		
52	엄숙할 숙			71	天災			90	國運		
53	놀랄 경			72	通話			91	動物		
54	근거 거			73	남의 마음에 들도록 힘씀.			92	天然		
55	①			74	일이 다 된 끝			93	萬物		
56	⑦			75	다른 생각, 딴 생각			94	군거		
57	⑨			76	安			95	致用		
58	名			77	玉			96	강구		
59	件			78	長			97	水陸		
60	末			79	成			98	제압		
61	來			80	水			99	쇄		
62	安			81	才能			100	감하다		
63	害			82	寒心						
64	子			83	當直						

제6회 한자능력검정시험 4급 답안지(1)

번호	정답	1검	2검	번호	정답	1검	2검	번호	정답	1검	2검
	답안란	채점란			답안란	채점란			답안란	채점란	
1	수려			16	침범			31	포장		
2	당숙			17	액수			32	숭배		
3	면적			18	모양			33	⑤		
4	권장			19	정숙			34	⑧		
5	탄압			20	평판			35	⑨		
6	통쾌			21	동포			36	기특할 기		
7	결투			22	밀폐			37	벼리 기		
8	파병			23	피서			38	엎드릴 복		
9	계열			24	균등			39	비석 비		
10	고독			25	권선			40	만날 우		
11	골격			26	비극			41	넉넉할 우		
12	공수			27	기거			42	쇠북 종		
13	광부			28	표본			43	두루 주		
14	산발			29	구상			44	자리 좌		
15	무방			30	탐사			45	험할 험		

감독위원	채점위원(1)		채점위원(2)		채점위원(3)	
(서명)	(득점)	(서명)	(득점)	(서명)	(득점)	(서명)

번호	정답	1검	2검	번호	정답	1검	2검	번호	정답	1검	2검
46	법 헌			65	愛讀			84	公		
47	가죽 혁			66	夜景			85	遠		
48	무리 도			67	東洋			86	果		
49	도망할 도			68	虛弱			87	耳		
50	숨길 비			69	夕陽			88	田		
51	다칠 상			70	品切			89	木		
52	위태할 위			71	停止			90	質		
53	위엄 위			72	題目			91	果		
54	위로할 위			73	志操			92	一		
55	食堂			74	卒業			93	聲		
56	團體			75	児			94	材		
57	記錄			76	対			95	招待		
58	萬能			77	个			96	公害		
59	近方			78	기회를 엿보아 큰 이익을 보려는 것			97	壯觀		
60	變動			79	한쪽으로 크게 치우침			98	북		
61	作別			80	심심풀이로 하는 이야기			99	달아나다		
62	問病			81	爭			100	배		
63	祝福			82	足						
64	信奉			83	在						

제7회 한자능력검정시험 4급 답안지(1)

답안란		채점란		답안란		채점란		답안란		채점란	
번호	정답	1검	2검	번호	정답	1검	2검	번호	정답	1검	2검
1	층수			16	발휘			31	구조		
2	추리			17	기후			32	다양		
3	축소			18	탐구			33	울 명		
4	증거			19	명칭			34	묘할 묘		
5	격렬			20	선택			35	춤출 무		
6	견고			21	탄식			36	기릴·칭송할 송		
7	모양			22	자숙			37	높을 숭		
8	성묘			23	계속			38	밑 저		
9	송림			24	탈락			39	쌓을 적		
10	숭고			25	곤경			40	꾸밀 장		
11	장학			26	곡식			41	오로지 전		
12	저의			27	보관			42	구를 전		
13	혹여			28	시범			43	벗을 탈		
14	상황			29	범인			44	가릴 택		
15	혼동			30	구역			45	섬돌 계		

감독위원	채점위원(1)		채점위원(2)		채점위원(3)	
(서명)	(득점)	(서명)	(득점)	(서명)	(득점)	(서명)

번호	정답	1검	2검	번호	정답	1검	2검	번호	정답	1검	2검
	답안란	채점란			답안란	채점란			답안란	채점란	
46	외로울 고			65	貝			84	病患		
47	구멍 공			66	阝(邑)			85	話術		
48	대롱·주관할 관			67	団			86	家庭		
49	얽을 구			68	昼			87	氣質		
50	범할 범			69	発			88	學識		
51	모양 양			70	救助			89	禮法		
52	탄식할 탄			71	解讀			90	具備		
53	맞을 적			72	田園			91	歷史		
54	장려할 장			73	여자의 고운 얼굴			92	不足		
55	③			74	자신이 있는 듯이 큰소리침			93	대접		
56	⑤			75	중요하지 않은 관직 자리			94	世代		
57	⑦			76	利			95	풍속		
58	良			77	走			96	대등		
59	曲			78	將			97	경지		
60	査			79	敵			98	끊는다		
61	夫			80	張			99	절		
62	文			81	滿足			100	체		
63	落			82	第一						
64	巾			83	無效						

제8회 한자능력검정시험 4급 답안지(1)

번호	정답	1검	2검	번호	정답	1검	2검	번호	정답	1검	2검
	답안란	채점란			답안란	채점란			답안란	채점란	
1	다양			16	권고			31	조목		
2	광역			17	복귀			32	점수		
3	여건			18	보편			33	①		
4	정렬			19	복병			34	④		
5	장정			20	복선			35	⑧		
6	조립			21	부상			36	우편 우		
7	장편			22	분유			37	술 주		
8	폐교			23	시비			38	형벌 형		
9	호평			24	연필			39	혼인할 혼		
10	표어			25	영화			40	재 회		
11	피로			26	영입			41	두터울 후		
12	반항			27	예고			42	휘두를 휘		
13	한탄			28	민원			43	도둑 도		
14	불굴			29	경우			44	사사 사		
15	궁색			30	피난			45	코끼리 상		

감독위원	채점위원(1)		채점위원(2)		채점위원(3)	
(서명)	(득점)	(서명)	(득점)	(서명)	(득점)	(서명)

번호	정답	1검	2검	번호	정답	1검	2검	번호	정답	1검	2검
	답안란	채점란			답안란	채점란			답안란	채점란	
46	선비 유			65	寫本			84	活		
47	놀 유			66	生産			85	班		
48	짤 직			67	葉書			86	京		
49	진칠 진			68	永遠			87	十		
50	책 책			69	溫氣			88	行		
51	캘 채			70	外傷			89	豕		
52	다를 차			71	採用			90	絲		
53	고리 환			72	注視			91	得		
54	상황 황			73	紙面			92	來		
55	直感			74	中止			93	必		
56	頭角			75	数			94	分		
57	除去			76	研			95	再考		
58	事件			77	厅			96	失手		
59	到着			78	남에게 얹혀 삶			97	指導		
60	速度			79	요구를 받아들이지 않는 것			98	회복하다		
61	道理			80	사물의 형상을 본뜸			99	부		
62	自動			81	冷			100	다시		
63	同時			82	安						
64	對比			83	北						

<table>
<tr><td colspan="3" align="center">제9회 한자능력검정시험 4급 답안지(1)</td></tr>
</table>

답안란		채점란		답안란		채점란		답안란		채점란	
번호	정답	1검	2검	번호	정답	1검	2검	번호	정답	1검	2검
1	찬가			16	잡념			31	안정		
2	채취			17	잔악			32	제국		
3	차이			18	단층			33	①		
4	석회			19	골육			34	②		
5	지휘			20	공혈			35	⑩		
6	희비			21	관리			36	가지 조		
7	약간			22	침공			37	밀물·조수 조		
8	간수			23	박수			38	있을 존		
9	거처			24	범위			39	샘 천		
10	난동			25	범행			40	관청 청		
11	양곡			26	변사			41	나아갈 취		
12	배려			27	여당			42	뜻 취		
13	성행			28	역서			43	줄일 축		
14	의문			29	가연			44	탄알 탄		
15	의지			30	연장			45	찾을 탐		

감독위원	채점위원(1)		채점위원(2)		채점위원(3)	
(서명)	(득점)	(서명)	(득점)	(서명)	(득점)	(서명)

제9회 한자능력검정시험 4급 답안지(2)

번호	정답	1검	2검	번호	정답	1검	2검	번호	정답	1검	2검
	답안란	채점란			답안란	채점란			답안란	채점란	
46	일컬을 칭			65	立秋			84	短		
47	아플 통			66	筆體			85	合		
48	던질 투			67	充分			86	兵		
49	싸움 투			68	太半			87	刀		
50	책 편			69	母親			88	凵		
51	평할 평			70	失敗			89	日		
52	한 한			71	表面			90	悲		
53	기쁠 희			72	食卓			91	別		
54	기쁠 환			73	宅地			92	會		
55	質問			74	利他			93	相		
56	集結			75	学			94	言		
57	每週			76	画			95	調和		
58	地帶			77	伝			96	利害		
59	表紙			78	사람을 살리는 의술			97	展示		
60	主力			79	크게 이김			98	락		
61	終日			80	공덕을 칭찬함			99	좋아하다		
62	白晝			81	合			100	요		
63	最初			82	通						
64	初面			83	財						

제10회 한자능력검정시험 4급 답안지(1)

번호	정답 (답안란)	1검	2검	번호	정답 (답안란)	1검	2검	번호	정답 (답안란)	1검	2검
1	채용			16	총액			31	환경		
2	차등			17	다양			32	진중		
3	칭찬			18	자료			33	⑤		
4	혹시			19	연장			34	⑧		
5	혼란			20	시위			35	⑨		
6	상황			21	위풍			36	아플 통		
7	일희일비			22	위원			37	기쁠 환		
8	청자			23	원조			38	이어맬 계		
9	간파			24	모유			39	곳집 고		
10	간결			25	지론			40	기울 경		
11	약식			26	위안			41	아닐 부		
12	열렬			27	물증			42	비평할 비		
13	성황			28	자세			43	경영할 영		
14	선전			29	범행			44	납 연		
15	파손			30	안정			45	마을 리		

감독위원	채점위원(1)		채점위원(2)		채점위원(3)	
(서명)	(득점)	(서명)	(득점)	(서명)	(득점)	(서명)

<table><tr><td colspan="7" align="center">제10회 한자능력검정시험 4급 답안지(2)</td></tr>
<tr><td colspan="2" align="center">답안란</td><td colspan="2" align="center">채점란</td><td colspan="2" align="center">답안란</td><td colspan="2" align="center">채점란</td><td colspan="2" align="center">답안란</td><td colspan="2" align="center">채점란</td></tr>
</table>

번호	정답	1검	2검	번호	정답	1검	2검	번호	정답	1검	2검
46	장막 장			65	許可			84	始		
47	섞일 잡			66	外形			85	陸		
48	꺾을 절			67	化石			86	昨		
49	점령할·점칠 점			68	患者			87	口		
50	임금 제			69	孝誠			88	工		
51	자리 좌			70	活力			89	山		
52	밀물·조수 조			71	黑心			90	以		
53	칠 격			72	計劃			91	畫		
54	던질 투			73	高速			92	百		
55	充分			74	果敢			93	一		
56	親切			75	実			94	無		
57	卓見			76	継			95	報告		
58	通念			77	両			96	賞品		
59	平等			78	어떤 일에 재치 있게 대처하는 지혜			97	婦人		
60	發表			79	뼈와 살, 혈통이 같은 부자, 형제, 육친			98	폭		
61	品行			80	마주 자리 잡고 앉아서 주고받는 이야기			99	모질다		
62	必是			81	獨			100	포		
63	獨學			82	任						
64	加害			83	朴						

1. 공중(公공공평할 공, 衆무리 중)　2. 使用(하여금·부릴 사, 쓸 용)　3. 一定(한 일, 정할 정)　4. 場所(마당 장, 바 소)　5. 설치(設베풀 설, 置둘 치)　6. 種類(씨 종, 무리 류)　7. 通話(통할 통, 말씀 화)　8. 敎養(가르칠 교, 기를 양)　9. 行動(다닐 행 / 항렬 항, 움직일 동)　10. 이동(移옮길 이, 動움직일 동)　11. 발달(發필 발, 達통달할 달)　12. 증가(增더할 증, 加더할 가)　13. 차례(次버금 차, 例법식 례)　14. 감흥(感느낄 감, 興일 흥)　15. 소질(素본디·흴 소, 質바탕 질)　16. 경주(競다툴 경, 走달릴 주)　17. 사감(舍집 사, 監볼 감)　18. 상념(想생각 상, 念생각 념)　19. 총력(總다 총, 力힘 력)　20. 표결(票표 표, 決결단할 결)　21. 흡연(吸마실 흡, 煙연기 연)　22. 전원(田밭 전, 園동산 원)　23. 비치(備갖출 비, 置둘 치)　24. 인도(引끌 인, 導인도할 도)　25. 여구(麗고울 려, 句글귀 구)　26. 액체(液진 액, 體몸 체)　27. 파동(波물결 파, 動움직일 동)　28. 이주(移옮길 이, 住살 주)　29. 안식(安편안 안, 息쉴 식)　30. 효부(孝효도 효, 婦며느리 부)　31. 방문(訪찾을 방, 問물을 문)　32. 경계(境지경 경, 界지경 계)　33. 감원(減덜 감, 員인원 원)　34. 송금(送보낼 송, 金쇠 금 / 성(姓) 김)　35. 연기(演펼 연, 技재주 기)　36. 육신(肉고기 육, 身몸 신)　37. 장벽(障막을 장, 壁벽 벽)　38. 협조(協화할 협, 助도울 조)　39. 종교(宗마루 종, 敎가르칠 교)　40. 치석(齒이 치, 石돌 석)　41. 분포(分나눌 분, 布베·펼 포 / 보시 보)　42. 희망(希바랄 희, 望바랄 망)　43. 물러날 퇴　44. 더할 증　45. 그늘 음　46. 슬플 비　47. 막을 방　48. 독 독　49. 직분 직　50. 이지러질 결　51. 다스릴 치　52. 한할 한　53. 벌레 충　54. 닦을 수　55. 찰 만　56. 지날·글 경　57. 부자 부　58. 같을 여　59. 돌아올 회　60. 도장 인　61. 이을 접　62. 금할 금　63. 지킬 위　64. 덜 제　65. 到來(이를 도, 올 래)　66. 幸福(다행 행, 복 복)　67. 勇士(날랠 용, 선비 사)　68. 臣下(신하 신, 아래 하)　69. 醫科(의원 의, 과목 과)　70. 無效(없을 무, 본받을 효)　71. 充分(채울 충, 나눌 분)　72. 參見(참여할 참 / 석 삼, 볼 견 / 뵈올 현)　73. 種族(씨 종, 겨레 족)　74. 溫氣(따뜻할 온, 기운 기)　75. 奉養(받들 봉, 기를 양)　76. 陸路(뭍 륙, 길 로)　77. 價格(값 가, 격식 격)　78. 決 [死生決斷(죽을 사, 날 생, 결단할 결, 끊을 단) : 죽고 삶을 돌보지 않고 끝장을 내려고 함]　79. 貧 [貧者一燈(가난할 빈, 놈 자, 한 일, 등 등) : 가난한 사람이 바치는 하나의 등(燈)이라는 뜻으로, 물질의 많고 적음보다 정성이 중요함을 비유적으로 이르는 말]　80. 所 [無所不爲(없을 무, 바 소, 아닐 불·부, 하·할 위) : 하지 못하는 일이 없음]　81. 牛 [九牛一毛(아홉 구, 소 우, 한 일, 터럭 모) : '아홉 마리 소에 한 가닥의 털'이라는 뜻으로, 아주 큰 물건 속에 있는 아주 작은 부분]　82. 良 [美風良俗(아름다울 미, 바람 풍, 어질 량, 풍속 속) : 아름답고 좋은 풍속]　83. 過 (功공공, 過지날 과)　84. 勞 (勞일할 로, 使하여금·부릴 사)　85. 着 (發필 발, 着붙을 착)　86. 祝 (慶경사 경, 祝빌 축)　87. 舊 (故예 고, 舊예 구)　88. 正 (端끝 단, 正바를 정)　89. 路 [經路(지날·글 경, 길 로)] * 敬老(공경 경, 늙을 로 : 노인을 공경함)　90. 待 [苦待(쓸 고, 기다릴 대)] * 古代(옛 고, 대신할 대 : 옛 시대)　91. 空 [空洞(빌 공, 골 동/밝을 통)] * 共同(함께 공, 한가지 동 : 두 사람 이상이 일을 같이 함)　92. 団　93. 軽　94. 宝　95. 入　96. 刀(刂)　97. 虍　98. 일부러 한 행위 * 고의(故연고 고, 意뜻 의)　99. 온갖 말을 다하여 * 극구(極다할·극진할 극, 口입 구)　100. 어떤 행위를 못하게 막음 * 금단(禁금할 금, 斷끊을 단)

1. 反省(돌이킬·돌아올 반, 살필 성 / 덜 생)   2. 上記(윗 상, 기록할 기)   3. 本人(근본 본, 사람 인)   4. 기한(期기약할 기, 限한할 한)   5. 課題(공부할·과정 과, 제목 제)   6. 責任(꾸짖을 책, 맡길 임)   7. 진심(眞참 진, 心마음 심)   8. 사과(謝사례할 사, 過지날 과)   9. 장차(將장수 장, 次버금 차)   10. 사태(事일 사, 態모습 태)   11. 發生(필 발, 날 생)   12. 미연(未아닐 미, 然그럴 연)   13. 방지(防막을 방, 止그칠 지)   14. 約束(맺을 약, 묶을 속)   15. 속담(俗풍속 속, 談말씀 담)   16. 단원(團둥글 단, 圓둥글 원: 결말이나 끝)   17. 대접(待기다릴 대, 接이을 접)   18. 완치(完완전할 완, 治다스릴 치)   19. 소포(小작을 소, 包쌀 포)   20. 시비(是이·옳을 시, 非아닐 비)   21. 모근(毛터럭 모, 根뿌리 근)   22. 관직(官벼슬 관, 職직분 직)   23. 개성(個낱 개, 性성품 성)   24. 비감(悲슬플 비, 感느낄 감)   25. 쾌승(快쾌할 쾌, 勝이길 승)   26. 한계(限한할 한, 界지경 계)   27. 증가(增더할 증, 加더할 가)   28. 의논(議의논할 의, 論논할 론)   29. 상식(常떳떳할 상, 識알 식 / 기록할 지)   30. 업무(業일 업, 務힘쓸 무)   31. 고향(故연고 고, 鄕시골 향)   32. 가요(歌노래 가, 謠노래 요)   33. 침해(侵침노할 침, 害해할 해)   34. 공항(空빌 공, 港항구 항)   35. 회복(回돌아올 회, 復회복할 복/다시 부)   36. 수양(修닦을 수, 養기를 양)   37. 인맥(人사람 인, 脈줄기 맥)   38. 담당(擔멜 담, 當마땅 당)   39. 결석(缺이지러질 결, 席자리 석)   40. 승복(承이을 승, 服옷 복) ** 여기서의 '服'은 '굴복하다', '복종하다'의 뜻으로 쓰임   41. 총성(銃총 총, 聲소리 성)   42. 향기(香향기 향, 氣기운 기)   43. 은혜 은   44. 호반 무   45. 글귀 구   46. 검사할 검   47. 영화 영   48. 끊을 절   49. 바랄 희   50. 뜻 지   51. 부처 불   52. 지경 경   53. 아닐 비   54. 순수할 순   55. 정사 정   56. 곳 처   57. 성인 성   58. 쓸 소   59. 다 총   60. 편안 강   61. 거스를 역   62. 대적할 적   63. 시험 험   64. 하·할 위   65. 代價 (대신할 대, 값 가)   66. 格式 (격식 격, 법 식)   67. 凶惡 (흉할 흉, 악할 악 / 미워할 오)   68. 勞使 (일할 로, 하여금·부릴 사)   69. 關心 (관계할 관, 마음 심)   70. 題目 (제목 제, 눈 목)   71. 鮮明 (고울 선, 밝을 명)   72. 基本 (터 기, 근본 본)   73. 流水 (흐를 류, 물 수)   74. 藥局 (약 약, 판 국)   75. 任命 (맡길 임, 목숨 명)   76. 傳記 (전할 전, 기록할 기)   77. 筆體 (붓 필, 몸 체)   78. 行 [論功行賞(논할 론, 공 공, 다닐 행 / 항렬 항, 상줄 상]   79. 識 [博學多識(넓을 박, 배울 학, 많을 다, 알 식)]   80. 死 [起死回生(일어날 기, 죽을 사, 돌아올 회, 날 생)]   81. 善 [多多益善(많을 다, 많을 다, 더할 익, 착할 선)]   82. 弟 [難兄難弟(어려울 난, 형 형, 어려울 난, 아우 제)]   83. 農 (都도읍 도, 農농사 농)   84. 惡 (善착할 선, 惡악할 악 / 미워할 오)   85. 陸 (水물 수, 陸뭍 륙)   86. 成 (達통달할 달, 成이룰 성)   87. 記 (記기록할 기, 錄기록할 록)   88. 分 (配나눌·짝 배, 分나눌 분)   89. 公 [公約(공평할 공, 맺을 약)] * 空約(빌 공, 맺을 약 : 헛되게 약속함)   90. 正 [校正(학교 교, 바를 정)] * 校庭(학교 교, 뜰 정 : 학교의 마당이나 운동장)   91. 音 [錄音(기록할 록, 소리 음)] * 綠陰(푸를 록, 그늘 음 : 푸른 잎이 우거진 나무나 수풀 또는 그 나무의 그늘)   92. 独   93. 参   94. 関   95. 心   96. 口   97. 水   98. 대나무로 일용품을 만드는 사람 : 죽공(竹대 죽, 工장인 공)   99. 함께 데리고 감 * 대동(帶띠 대, 同한가지 동)   100. 농작물을 해마다 바꿔 심음 * 윤작(輪바퀴 륜, 作지을 작)

1. 항공(航배 항, 空빌 공)   2. 인상(引끌 인, 上윗 상)   3. 旅行(나그네 려, 다닐 행 / 항렬 항)   4. 宿所(잘 숙 / 별자리 수, 바 소)   5. 變動(변할 변, 움직일 동)   6. 진행(進나아갈 진, 行다닐 행 / 항렬 항)   7. 미항(美아름다울 미, 港항구 항)   8. 觀光(볼 관, 빛 광)   9. 雲海(구름 운, 바다 해)   10. 향수(香향기 향, 水물 수)   11. 見學(볼 견 / 뵈올 현, 배울 학)   12. 品格(물건 품, 격식 격)   13. 노력(努힘쓸 노, 力힘 력)   14. 배상(拜절 배, 上윗 상)   15. 단독(單홑 단, 獨홀로 독)   16. 별미(別다를·나눌 별, 味맛 미)   17. 연구(硏갈 연, 究연구할 구)   18. 인장(印도장 인, 章글 장)   19. 적장(敵대적할 적, 將장수 장)   20. 결백(潔깨끗할 결, 白흰 백)   21. 무기(武호반 무, 器그릇 기)   22. 수강(受받을 수, 講욀 강)   23. 존경(尊높을 존, 敬공경 경)   24. 혈통(血피 혈, 統거느릴 통)   25. 은혜(恩은혜 은, 惠은혜 혜)   26. 현명(賢어질 현, 明밝을 명)   27. 여전(如같을 여, 前앞 전)   28. 보물(寶보배 보, 物물건 물)   29. 목동(牧칠 목, 童아이 동)   30. 계장(係맬 계, 長긴 장)   31. 박식(博넓을 박, 識알 식 / 기록할지)   32. 검정(檢검사할 검, 定정할 정)   33. 정부(政정사 정, 府마을·관청 부)   34. 진담(眞참 진, 談말씀 담)   35. 해결(解풀 해, 決결단할 결)   36. 규율(規법 규, 律법직 률)   37. 구직(求구할 구, 職직분 직)   38. 건강(健굳셀 건, 康편안 강)   39. 왕래(往갈 왕, 來올 래)   40. 지당(至이를 지, 當마땅 당)   41. 장차(將장수 장, 次버금 차)   42. 감흥(感느낄 감, 興일 흥)   43. 대 죽   44. 갖출 비   45. 터럭 모   46. 살필 찰   47. 구슬 옥   48. 항구 항   49. 방 방   50. 권세 권   51. 나눌·짝 배   52. 벼슬 관   53. 마실 흡   54. 펼 연   55. 벽 벽   56. 밭 전   57. 베풀 설   58. 거리 가   59. 쾌할 쾌   60. 머무를 류   61. 연고 고   62. 절제할 제   63. 연구할 구   64. 재주 예   65. 能力(능할 능, 힘 력)   66. 信念(믿을 신, 생각 념)   67. 結束(맺을 결, 묶을 속)   68. 當直(마땅 당, 곧을 직)   69. 局面(판 국, 낯 면)   70. 重要(무거울 중, 요긴할 요)   71. 節食(마디 절, 밥·먹을 식)   72. 必勝(반드시 필, 이길 승)   73. 化身(될 화, 몸 신)   74. 偉業(클 위, 업 업)   75. 順位(순할 순, 자리 위)   76. 習得(익힐 습, 얻을 득)   77. 德分(큰 덕, 나눌 분)   78. 齒 [角者無齒(뿔 각, 사람 자, 없을 무, 이 치) : 뿔이 있는 짐승은 이가 없다는 뜻으로, 한 사람이 여러 가지 재주나 복을 다 가질 수 없다는 말]   79. 結 [結草報恩(맺을 결, 풀 초, 갚을·알릴 보, 은혜 은) : '풀을 묶어 은혜에 보답함'이라는 뜻으로, 죽어서까지라도 은혜를 잊지 않고 갚음]   80. 惡 [極惡無道(다할·극진할 극, 악할 악/미워할 오, 없을 무, 길 도) : 더할 나위 없이 악하고 도리에 완전히 어긋나 있음]   81. 親 [燈火可親(등 등, 불 화, 옳을 가, 친할 친) : 등불을 가까이할 만하다는 뜻으로, 서늘한 가을밤은 등불을 가까이 하여 글 읽기에 좋음을 이르는 말]   82. 義 [大義名分(큰 대, 옳을 의, 이름 명, 나눌 분) : 사람으로서 마땅히 지키고 행하여야 할 도리나 본분, 어떤 일을 꾀하는 데 내세우는 합당한 구실이나 이유]   83. 石 [玉구슬 옥, 石돌 석]   84. 卒(士) [將장수 장, 卒마칠 졸 / 士선비 사]   85. 惡 [好좋을 호, 惡미워할 오 / 악할 악]   86. 發 [發필 발, 展펼 전]   87. 着 [到이를 도, 着붙을 착]   88. 實 [眞참 진, 實열매 실]   89. 讀 [讀者(읽을 독/구절 두, 놈 자)] * 獨子(홀로 독, 아들 자 : 외아들)   90. 動 [動機(움직일 동, 틀 기)] * 同期(한가지 동, 기약할 기 : 같은 기간)   91. 非 [非行(아닐 비, 다닐 행 / 항렬 항)] * 飛行(날 비, 다닐 행 / 항렬 항 : 공중으로 날아다님)   92. 広   93. 号   94. 当   95. 口   96. 墨   97. 目   98. 규칙적인 몸의 움직임 * 율동(律법직 률, 動움직일 동)   99. 둘 사이를 멀어지게 함 * 이간(離떠날 리, 間사이 간)   100. 정원이 가득 참 * 만원(滿찰 만, 員인원 원)

1. 大韓(큰 대, 한국·나라 한)   2. 獨立(홀로 독, 설 립)   3. 對答(대할 대, 답할 답)   4. 정부(政정사 정, 府마을·관청 부)   5. 부귀(富부자 부, 貴귀할 귀)   6. 영광(榮영화 영, 光빛 광)   7. 희망(希바랄 희, 望바랄 망)   8. 성인(聖성인 성, 人사람 인)   9. 天堂(하늘 천, 집 당)   10. 극락(極다할·극진할 극, 樂즐길 락 / 노래 악 / 좋아할 요)   11. 民族(백성 민, 겨레 족)   12. 歷史(지날 력, 사기 사)   13. 完然(완전할 완, 그럴 연)   14. 人類(사람 인, 무리 류)   15. 平等(평평할 평, 무리 등)   16. 박애(博넓을 박, 愛사랑 애)   17. 주의(主임금·주인 주, 義옳을 의)   18. 理念(다스릴 리, 생각 념)   19. 산사(메 산, 절 사)   20. 염불(念생각 념, 佛부처 불)   21. 포수(砲대포 포, 手손 수)   22. 연기(煙연기 연, 氣기운 기)   23. 부자(富부유할 부, 者놈 자)   24. 노기(怒성낼 노, 氣기운 기)   25. 흥미(興일 흥, 味맛 미)   26. 기공(起일어날 기, 工장인 공)   27. 비행(飛날 비, 行다닐 행 / 항렬 항)   28. 절교(絶끊을 절, 交사귈 교)   29. 희망(希바랄 희, 望바랄 망)   30. 두호(斗말 두, 護도울 호 : 남을 두둔하여 보호함)   31. 반복(反돌이킬·돌아올 반, 復회복할 복 / 다시 부)   32. 전진(前앞 전, 進나아갈 진)   33. 난관(難어려울 난, 關관계할 관)   34. 부상(副버금 부, 賞상줄 상)   35. 지목(指가리킬 지, 目눈 목)   36. 나열(羅벌릴 라, 列벌릴 렬)   37. 강의(講욀 강, 義옳을 의)   38. 풍족(豊풍년 풍, 足발 족)   39. 경사(慶경사 경, 事일 사)   40. 벽보(壁벽 벽, 報갚을·알릴 보)   41. 논리(論논할 론, 理다스릴 리)   42. 양면(兩두 량, 面낯 면)   43. 밀림(密빽빽할 밀, 林수풀 림)   44. 직무(職직분 직, 務힘쓸 무)   45. 지극(至이를 지, 極다할·극진할 극)   46. 재 성   47. 지탱할 지   48. 구할 구   49. 얼굴 용   50. 빌 허   51. 상 상   52. 건널 제   53. 날 개   54. 모습 태   55. 양 양   56. 쌓을 축   57. 보낼 송   58. 거짓 가   59. 맛 미   60. 연기 연   61. 깨끗할 결   62. 이를 조   63. 일 흥   64. 웃음 소   65. 힘쓸 노   66. 감독할 독   67. 준할 준   68. 變動(변할 변, 움직일 동)   69. 史實(사기 사, 열매 실)   70. 發惡(필 발, 악할 악 / 미워할 오)   71. 展望(펼 전, 바랄 망)   72. 養成(기를 양, 이룰 성)   73. 質問(바탕 질, 물을 문)   74. 特命(특별할 특, 목숨 명)   75. 溫情(따뜻할 온, 뜻 정)   76. 元氣(으뜸 원, 기운 기)   77. 卒然(마칠 졸, 그럴 연)   78. 患 [有備無患(있을 유, 갖출 비, 없을 무, 근심 환)]   79. 聞 [前代未聞(앞 전, 대신할 대, 아닐 미, 들을 문)]   80. 下 [眼下無人(눈 안, 아래 하, 없을 무, 사람 인)]   81. 至 [至誠感天(이를 지, 정성 성, 느낄 감, 하늘 천)]   82. 前 [風前燈火(바람 풍, 앞 전, 등 등, 불 화)]   83. 實 [虛빌 허, 實열매 실]   84. 凶(豊풍년 풍, 凶흉할 흉)   85. 集 (集모을 집, 配나눌·짝 배)   86. 要 (要요긴할 요, 求구할 구)   87. 歲 (年해 년, 歲해 세)   88. 性(心마음 심, 性성품 성)   89. 思 [思考(생각 사, 생각할 고) * 事故(일 사, 연고 고) : 뜻밖에 일어난 불행한 일   90. 商 [商品(장사 상, 물건 품) * 賞品(상줄 상, 물건 품 : 상으로 주는 물품)   91. 化 [消化(사라질 소, 될 화)] * 消火(사라질 소, 불 화 : 불을 태우거나 사름)   92. 区   93. 礼   94. 読   95. 力   96. 木   97. 手   98. 행동이나 분위기가 거칠고 무시무시함 * 살벌(殺죽일 살 / 감할·빠를 쇄, 伐칠 벌)   99. 정한 수효나 정도에 차지 못함 * 미만(未아닐 미, 滿찰 만)   100. 남몰래 넌지시 일러바침 * 밀고(密빽빽할 밀, 告고할 고) ** 密:빽빽하다〉깊숙하다〉고요하다〉은밀하다의 뜻으로 쓰임

1. 수준(水물 수, 準준할 준) 2. 시행(施베풀 시, 行다닐 행 / 항렬 항) 3. 新入(새 신, 들 입) 4. 사원(社모일 사, 員인원 원) 5. 경력(經지날·글 경, 歷지날 력) 6. 상시(常떳떳할 상, 時때 시) 7. 人材(사람 인, 재목 재) 8. 증가(增더할 증, 加더할 가) 9. 今年(이제 금, 해 년) 10. 차례(次버금 차, 例법식 례) 11. 公開(공평할 공, 열 개) 12. 도입(導인도할 도, 入들 입) 13. 실무(實열매 실, 務힘쓸 무) 14. 확보(確굳을 확, 保지킬 보) 15. 書類(글 서, 무리 류) 16. 午後(낮 오, 뒤 후) 17. 分野(나눌 분, 들 야) 18. 合格(합할 합, 격식 격) 19. 發表(필 발, 겉 표) 20. 卒業(마칠 졸, 업 업) 21. 가정(假거짓 가, 定정할 정) 22. 기량(器그릇 기, 量헤아릴 량) 23. 만기(滿찰 만, 期기약할 기) 24. 예방(豫미리 예, 防막을 방) 25. 대열(隊무리 대, 列벌릴 렬) 26. 입시(入들 입, 試시험 시) 27. 살벌(殺죽일 살 / 감할·빠를 쇄, 伐칠 벌) 28. 난방(暖따뜻할 난, 房방 방) 29. 염불(念생각 념, 佛부처 불) 30. 강구(講욀 강, 究연구할 구) 31. 단식(斷끊을 단, 食밥·먹을 식) 32. 기록(記기록할 기, 錄기록할 록) 33. 연속(連이을 련, 續이을 속) 34. 청동(靑푸를 청, 銅구리 동) 35. 녹두(綠푸를 록, 豆콩 두) 36. 사사(師스승 사, 事일 사) 37. 강변(江강 강, 邊가 변) 38. 평상(平평평할 평, 床상 상) 39. 영장(令하여금 령, 狀형상 상 / 문서 장) 40. 위생(衛지킬 위, 生날 생) 41. 궁중(宮집 궁, 中가운데 중) 42. 응답(應응할 응, 答대답 답) 43. 제출(提끌 제, 出나날 출) 44. 감독(監볼 감, 督살펴볼 독) 45. 청구(請청할 청, 求구할 구) 46. 갈 왕 47. 가난할 빈 48. 성낼 노 49. 풍속 속 50. 총 총 51. 등 배 52. 그르칠 오 53. 덜 감 54. 가질 취 55. 인도할 도 56. 제사 제 57. 월 강 58. 며느리 부 59. 고기 육 60. 줄기 맥 61. 시골 향 62. 인원 원 63. 지을 조 64. 좋을 호 65. 헤아릴 측 66. 한도·길 정 67. 별 성 68. 學歷(배울 학, 지날 력) 69. 的中(과녁 적, 가운데 중) 70. 客席(손 객, 자리 석) 71. 名唱(이름 명, 부를 창) 72. 奉仕(받들 봉, 섬길 사) 73. 利己(이할 리, 몸 기) 74. 獨立(홀로 독, 설 립) 75. 約束(맺을 약, 묶을 속) 76. 所聞(바 소, 들을 문) 77. 種類(씨 종, 무리 류) 78. 讀 [牛耳讀經(소 우, 귀 이, 읽을 독 / 구절 두, 지날·글 경) : '쇠귀에 경 읽기'라는 뜻으로, 아무리 일러도 알아듣지 못함을 이름] 79. 熱 [以熱治熱(써 이, 더울 열, 다스릴 치, 더울 열) : 열은 열로써 다스림. 곧 열이 날 때에 땀을 낸다든지 힘은 힘으로 물리친다는 따위를 이를 때에 흔히 쓰는 말] 80. 反 [二律背反(두 이, 법칙 률, 등 배, 돌이킬·돌아올 반) : 서로 모순되어 양립할 수 없는 두 개의 명제] 81. 因 [因果應報(인할 인, 실과 과, 응할 응, 갚을·알릴 보) : 원인과 결과는 서로 물고 물린다는 뜻으로, 좋은 일에는 좋은 결과가, 나쁜 일에는 나쁜 결과가 따른다는 말] 82. 初 [自初至終(스스로 자, 처음 초, 이를 지, 마칠 종) : 처음부터 끝까지의 과정] 83. 晝 (晝낮 주, 夜밤 야) 84. 失 (得얻을 득, 失잃을 실) 85. 明 (明밝을 명, 暗어두울 암) 86. 法 (律법칙 률, 法법 법) 87. 兵 (卒마칠 졸, 兵병사 병) 88. 識 (認알 인, 識알 식 / 기록할 지) 89. 是 [是認(이·옳을 시, 알 인)] * 詩人(시 시, 사람 인 : 시를 전문적으로 짓는 사람) 90. 失[失禮(잃을 실, 예도 례)] * 實例(열매 실, 법식 례 : 실제의 예) 91. 年 [年長(해 년, 긴 장)] * 延長(끌 연, 긴 장 : 시간이나 거리를 본래보다 늘림) 92. 晝 93. 鉄 94. 爭 95. 土 96. 巾 97. 舌 98. 가축을 놓아기르는 곳 * 목장(牧칠 목, 場마당 장) 99. 임금의 자리 * 보위(寶보배 보, 位자리 위) 100. 비치하는 물품 * 비품(備갖출 비, 品물건 품)

1. 當身(마땅 당, 몸 신)　2. 평소(平평평할 평, 素본디·흴 소)　3. 信念(믿을 신, 생각 념)　4. 야당(野들 야, 黨무리 당)　5 . 연대(連이을 련, 帶띠 대)　6. 結局(맺을 결, 판 국)　7. 국론(國나라 국, 論논할할 론)　8. 통일(統거느릴 통, 一한 일)　9. 變化(변할 변, 될 화)　10. 集會(모을 집, 모일 회)　11. 參席(참여할 참 / 석 삼, 자리 석)　12. 公正(공평할 공, 바를 정)　13. 가두(街거리 가, 頭머리 두)　14. 행진(行다닐 행 / 항렬 항, 進나아갈 진)　15. 단정(端끝 단, 正바를 정)　16. 유학(留머무를 류, 學배울 학)　17. 시도(試圖시험 시, 그림 도)　18. 고성(高높을 고, 聲소리 성)　19. 미결(未아닐 미, 決결단할 결)　20. 제안(提끌 제, 案책상 안)　21. 속개(續이을 속, 開열 개)　22. 배후(背등 배, 後뒤 후)　23. 저공(低낮을 저, 空빌 공)　24. 해독(解풀 해, 毒독 독)　25. 호국(護도울 호, 國나라 국)　26. 경고(警깨우칠 경, 告고할 고)　27. 조급(무이를 조, 急급할 급)　28. 득남(得얻을 득, 男사내 남)　29. 빈민(貧가난할 빈, 民백성 민)　30. 사택(舍집 사, 宅집 택·댁)　31. 권세(權권세 권, 勢형세 세)　32. 엄격(嚴엄할 엄, 格격식 격)　33. 열거(列벌릴 렬, 擧들 거)　34. 정성(精정할 정, 誠정성 성)　35. 설계(設베풀 설, 計셀 계)　36. 보장(保지킬 보, 障막을 장)　37. 달성(達통달할 달, 成이룰 성)　38. 파산(破깨뜨릴 파, 産낳을 산)　39. 창립(創비롯할 창, 立설 립)　40. 금지(禁금할 금, 止그칠 지)　41. 퇴직(退물러날 퇴, 職직분 직)　42. 세심(細가늘 세, 心마음 심)　43. 새 조　44. 힘쓸 무　45. 볼 감　46. 멜 담　47. 둘 치　48. 마을·관청 부　49. 장수 장　50. 거둘 수　51. 물결 파　52. 응할 응　53. 배 항　54. 가 변　55. 집 궁　56. 높을 존　57. 쌀 포　58. 의논할 의　59. 굳을 확　60. 맬 계　61. 이·옳을 시　62. 칠 목　63. 도울 조　64. 풍년 풍　65. 半面(반 반, 낯 면)　66. 注意(부을 주, 뜻 의)　67. 記號(기록할 기, 이름 호)　68. 朗讀(밝을 랑, 읽을 독 / 구절 두)　69. 廣告(넓을 광, 고할 고)　70. 決定(결단할 결, 정할 정)　71. 順産(순할 순, 낳을 산)　72. 童男(아이 동, 사내 남)　73. 事例(일 사, 법식 례)　74. 勇氣(날랠 용, 기운 기)　75. 舊面(예 구, 낯 면)　76. 晝間(낮 주, 사이 간)　77. 兵士(병사 병, 선비 사)　78. 萬 [一波萬波(한 일, 물결 파, 일만 만, 물결 파)]　79. 強 [自強不息(스스로 자, 강할 강, 아닐 불·부, 쉴 식)]　80. 忠 [忠言逆耳(충성 충, 말씀 언, 거스를 역, 귀 이)]　81. 殺 [寸鐵殺人(마디 촌, 쇠 철, 죽일 살 / 감할·빠를 쇄, 사람 인)]　82. 得 [一擧兩得 (한 일, 들 거, 두 량, 얻을 득)]　83. 結 (起일어날 기, 結맺을 결)　84. 舊 (新새 신, 舊예 구)　85. 順 (順순할 순, 逆거스를 역)　86. 束 (約맺을 약, 束묶을 속)　87. 切 (切끊을 절, 斷끊을 단)　88. 客 (旅나그네 려, 客손 객)　89. 古 [最古(가장 최, 예 고)] * 最高(가장 최, 높을 고 : 가장 높음)　90. 良 [改良(고칠 개, 어질 량)] * 改量(고칠 개, 헤아릴 량 : 다시 측량함)　91. 氣 [景氣(볕 경, 기운 기)] * 競技(다툴 경, 재주 기 : 일정한 규칙 아래 기량과 기술을 겨룸)　92. 擧　93. 藥　94. 来　95. 犬　96. 耳　97. 糸　98. 그릇된 짓 * 비행(非아닐 비, 行다닐 행 / 항렬 항)　99. 성의로 낸 돈 * 성금(誠정성 성, 金쇠 금 / 성(姓) 김)　100. 쓸어서 깨끗하게 함 * 소제(掃쓸 소, 除덜 제)

1. 宅地(집 택·댁, 땅 지)　2. 과정(過지날 과, 程한도·길 정)　3. 一部(한 일, 때 부)　4. 특혜(特특별할 특, 惠은혜 혜)　5. 제기(提끌 제, 起일어날 기)　6. 논란(論논할 론, 難어려울 난)　7. 발단(發필 발, 端끝 단)　8. 당초(當마땅 당, 初처음 초)　9. 시인(是이·옳을 시, 認알 인)　10. 結局(맺을 결, 판 국)　11. 지경(地땅 지, 境지경 경)　12. 結實(맺을 결, 열매 실)　13. 시험(試시험 시, 驗시험할 험)　14. 廣告(넓을 광, 고할 고)　15. 歷史(지날 력, 사기 사)　16. 科目(과목 과, 눈 목)　17. 卒業(마칠 졸, 업 업)　18. 요구(要요긴할 요, 求구할 구)　19. 練習(익힐 련, 익힐 습)　20. 效果(본받을 효, 실과 과)　21. 배달(配나눌·짝 배, 達통달할 달)　22. 시성(詩시 시, 聖성인 성)　23. 구절(句글귀 구, 節마디 절)　24. 단군(檀박달나무 단, 君임금 군)　25. 안목(眼눈 안, 目눈 목)　26. 처벌(處곳 처, 罰벌할 벌)　27. 의병(義옳을 의, 兵병사 병)　28. 향토(鄕시골 향, 土흙 토)　29. 사과(謝사례할 사, 過지날 과)　30. 오색등(五다섯 오, 色빛 색, 燈등 등)　31. 구제(救구원할 구, 濟건널 제)　32. 보고(報갚을·알릴 보, 告고할 고)　33. 세금(稅세금 세, 金쇠 금 / 성(姓) 김)　34. 조경(造지을 조, 景볕 경)　35. 복제(複다시 부 / 회복할 복, 製지을 제)　36. 수지(收거둘 수, 支지탱할 지)　37. 이익(利이할 리, 益더할 익)　38. 태도(態모습 태, 度법도 도 / 헤아릴 탁)　39. 심야(深깊을 심, 夜밤 야)　40. 포악(暴사나울 폭 / 모질 포, 惡악할 악 / 미워할 오)　41. 시찰(視볼 시, 察살필 찰)　42. 준비(準준할 준, 備갖출 비)　43. 호주(戶집 호, 主임금·주인 주)　44. 소제(掃쓸 소, 除덜 제)　45. 저축(貯쌓을 저, 蓄모을 축)　46. 끌 인　47. 아닐 미　48. 마루 종　49. 따뜻할 난　50. 쉴 식　51. 이 치　52. 진 액　53. 말 두　54. 정할 정　55. 풀 해　56. 끌 제　57. 지킬 수　58. 가리킬 지　59. 청할 청　60. 홀 단　61. 도울 호　62. 달릴 주　63. 경사 경　64. 옮길 이　65. 고울 려　66. 막을 장　67. 시험 시　68. 見聞(볼 견 / 뵈올 현, 들을 문)　69. 元氣(으뜸 원, 기운 기)　70. 相當(서로 상, 마땅 당)　71. 品質(물건 품, 바탕 질)　72. 各界(각각 각, 지경 계)　73. 典當(법 전, 마땅 당)　74. 着席(붙을 착, 자리 석)　75. 衣服(옷 의, 옷 복)　76. 練習(익힐 련, 익힐 습)　77. 財産(재물 재, 낳을 산)　78. 無 [人生無常(사람 인, 날 생, 없을 무, 떳떳할 상) : 인생이 덧없음]　79. 樂 [安貧樂道(편안 안, 가난할 빈, 즐길 락 / 노래 악 / 좋아할 요, 길 도) : 구차한 중에도 편한 마음으로 도를 즐김]　80. 共 [天人共怒(하늘 천, 사람 인, 한가지 공, 성낼 노) : 하늘과 땅이 함께 분노한다는 뜻으로, 도저히 용서받지 못함을 비유]　81. 兩 [進退兩難(나아갈 진, 물러날 퇴, 두 량, 어려울 난) : 나아가지도 물러서지도 못하는 궁지에 몰리는 것]　82. 通 [一脈相通(한 일, 줄기 맥, 서로 상, 통할 통) : 생각, 성질, 처지 등이 어느 면에서 한 줄기로 서로 통하거나 비슷함을 이르는 말]　83. 方 (方모 방, 圓둥글 원)　84. 凶 (吉길할 길, 凶흉할 흉)　85. 今 (古예 고, 今이제 금)　86. 話 (談말씀 담, 話말씀 화)　87. 具 (器그릇 기, 具갖출 구)　88. 京 (京서울 경, 都도읍 도)　89. 過 [過去(지날 과, 갈 거)] * 科擧(과목 과, 들 거 : 옛날 관리를 뽑기 위하여 보던 시험]　90. 團 [劇團(심할 극, 둥글 단]] * 極端(다할·극진할 극, 끝 단 : 한쪽으로 크게 치우침]　91. 問 [訪問(찾을 방, 물을 문)] * 房門(방 방, 문 문 : 방으로 드나드는 문]　92. 観(観)　93. 写　94. 会　95. 手　96. 土　97. 木　98. 웃으며 이야기함 * 담소(談말씀 담, 笑웃음 소)　99. 잘잘못 * 시비(是이·옳을 시, 非아닐 비)　100. 이미 발간된 책에 잇대어 발간한 책 * 속편(續이을 속, 篇책 편)

1. 한계(限한할 한, 界지경 계)   2. 경지(境지경 경, 地땅 지)   3. 도달(到이를 도, 達통달할 달)   4. 代表(대신할 대, 겉 표)   5. 訓練(가르칠 훈, 익힐 련)   6. 과정(過지날 과, 程한도 길 정)   7. 관찰(觀볼 관, 察살필 찰)   8. 氣合(기운 기, 합할 합)   9. 부단(不아닐 불·부, 斷끊을 단)   10. 戰士(싸움 전, 선비 사)   11. 決意(결단할 결, 뜻 의)   12. 외부(外바깥 외, 部떼 부)   13. 結局(맺을 결, 판 국)   14. 존경(尊높을 존, 敬공경 경)   15. 가소(可옳을 가, 笑웃음 소)   16. 축제(祝빌 축, 祭제사 제)   17. 촌음(寸마디 촌, 陰그늘 음)   18. 관측(觀볼 관, 測헤아릴 측)   19. 암실(暗어두울 암, 室집 실)   20. 강제(強강할 강, 制절제할 제)   21. 화물(貨재물 화, 物물건 물)   22. 위주(爲하 할 위, 主임금·주인 주)   23. 건축(建세울 건, 築쌓을 축)   24. 쾌락(快쾌할 쾌, 樂즐길 락 / 노래 악 / 좋아할 요)   25. 지조(志뜻 지, 操잡을 조)   26. 수리(修닦을 수, 理다스릴 리)   27. 신고(申납 신, 告고할 고)   28. 보호(保지킬 보, 護도울 호)   29. 오해(誤그르칠 오, 解풀 해)   30. 감소(減덜 감, 少적을 소)   31. 목록(目눈 목, 錄기록할 록)   32. 출혈(出날 출, 血피 혈)   33. 면접(面낯 면, 接이을 접)   34. 성문(城재 성, 門문 문)   35. 경내(境지경 경, 內안 내)   36. 직분(職직분 직, 分나눌 분)   37. 허약(虛빌 허, 弱약할 약)   38. 유익(有있을 유, 益더할 익)   39. 소득(所바 소, 得얻을 득)   40. 요구(要요긴할 요, 求구할 구)   41. 정권(政정사 정, 權권세 권)   42. 신청(申납 신, 請청할 청)   43. 깨우칠 경   44. 베풀 시   45. 이을 련   46. 박달나무 단   47. 걸음 보   48. 재물 화   49. 벌할 벌   50. 대포 포   51. 논할 론   52. 충성 충   53. 버금 차   54. 등 등   55. 넓을 박   56. 무리 당   57. 화할 협   58. 즈음 · 가 제   59. 구리 동   60. 깨뜨릴 파   61. 일어날 기   62. 이를 지   63. 집 호   64. 알 인   65. 雨天(비 우, 하늘 천)   66. 古今(예 고, 이제 금)   67. 新鮮(새 신, 고울 선)   68. 角度(뿔 각, 법도 도 / 헤아릴 탁)   69. 週間(주일 주, 사이 간)   70. 通念(통할 통, 생각 념)   71. 物産(물건 물, 낳을 산)   72. 同窓(한가지 동, 창 창)   73. 課業(공부할·과정 과, 업 업)   74. 向方(향할 향, 모 방)   75. 放心(놓을 방, 마음 심)   76. 永遠(길 영, 멀 원)   77. 計算(셀 계, 셈 산)   78. 口 [衆口難防(무리 중, 입 구, 어려울 난, 막을 방) : 여러 사람의 입을 막기 어렵다는 뜻으로, 많은 사람들이 함부로 떠들어 감당하기 어려움]   79. 衣 [好衣好食(좋을 호, 옷 의, 좋을 호, 밥·먹을 식) : 좋은 옷을 입고 좋은 음식을 먹는 것]   80. 弱 [弱肉強食(약할 약, 고기 육, 강할 강, 밥·먹을 식) : 약한 놈이 강한 놈에게 먹힘]   81. 語 [言語道斷(말씀 언, 말씀 어, 길 도, 끊을 단) : 말할 길이 끊어졌다는 뜻으로, 어이가 없어서 말하려 해도 말할 수 없음을 이르는 말]   82. 友 [竹馬故友(대나무 죽, 말 마, 연고 고, 벗 우) : '대나무 말을 타고 놀던 옛친구'라는 뜻으로 어릴 때부터 가까이 지내며 자란 친구를 이르는 말]   83. 樂 (苦쓸 고, 樂즐길 락 / 노래 악 / 좋아할 요)   84. 高 (高높을 고, 低낮을 저)   85. 答 (問물을 문, 答대답 답)   86. 空 (虛빌 허, 空빌 공)   87. 過 (過지날 과, 去갈 거)   88. 念 (想생각 상, 念생각 념)   89. 步 [步道(걸음 보, 길 도)] * 報道(값을·알릴 보, 길 도 : 대중매체를 통해 새 소식을 널리 알리는 것)   90. 富 [富者(부자 부, 놈 자)] * 父子(아비 부, 아들 자 : 아버지와 아들)   91. 受 [受賞(받을 수, 상줄 상)] * 首相(머리 수, 서로 상 : 내각의 우두머리)   92. 黑   93. 体   94. 医   95. 羊   96. 米   97. 日   98. 잘 이해하여 복종함 * 승복(承이을 승, 服옷 복)   99. 실제로 시행함 * 실시(實열매 실, 施베풀 시)   100. 마찬가지로 * 역시(亦또 역, 是이·옳을 시)

1. 음성(音소리 음, 聲소리 성) 2. 전파(電번개 전, 波물결 파) 3. 방송(放놓을 방, 送보낼 송) 4. 特定(특별할 특, 정할 정) 5. 有線(있을 유, 줄 선) 6. 시행(施베풀 시, 行다닐 행 / 항렬 항) 7. 수신(受받을 수, 信믿을 신) 8. 強力(강할 강, 힘 력) 9. 行使(다닐 행 / 항렬 항, 하여금·부릴 사) 10. 道德(길 도, 큰 덕) 11. 責任(꾸짖을 책, 맡길 임) 12. 反面(돌이킬·돌아올 반, 낯 면) 13. 空中(빌 공, 가운데 중) 14. 時間(때 시, 사이 간) 15. 경과(經지날·글 경, 過지날 과) 16. 지극(至이를 지, 極다할·극진할 극) 17. 一切(한 일, 온통 체 / 끊을 절) 18. 경지(境지경 경, 地땅 지) 19. 도달(到이를 도, 達통달할 달) 20. 상념(想생각 상, 念생각 념) 21. 제명(除덜 제, 名이름 명) 22. 수업(授줄 수, 業업 업) 23. 서예(書글 서, 藝재주 예) 24. 호명(呼부를 호, 名이름 명) 25. 파격(破깨뜨릴 파, 格격식 격) 26. 관중(觀볼 관, 衆무리 중) 27. 보은(報갚을·알릴 보, 恩은혜 은) 28. 용인(容얼굴 용, 認알 인) 29. 충치(蟲벌레 충, 齒이 치) 30. 시선(視볼 시, 線줄 선) 31. 동원(動움직일 동, 員인원 원) 32. 협약(協화할 협, 約맺을 약) 33. 순진(純순수할 순, 眞참 진) 34. 정사(政정사 정, 事일 사) 35. 유성(流흐를 류, 星별 성) 36. 역경(逆거스를 역, 境지경 경) 37. 지시(指가리킬 지, 示보일 시) 38. 세력(勢형세 세, 力힘 력) 39. 침해(侵침노할 침, 害해할 해) 40. 양모(羊양 양, 毛터럭 모) 41. 도처(到이를 도, 處곳 처) 42. 충성(忠충성 충, 誠정성 성) 43. 풍부(豊풍년 풍, 富부자 부) 44. 이식(移옮길 이, 植심을 식) 45. 고의(故연고 고, 意뜻 의) 46. 띠 대 47. 벌릴 라 48. 어려울 난 49. 찾을 방 50. 누를 압 51. 다할·극진할 극 52. 갚을·알릴 보 53. 끝 단 54. 법칙 률 55. 칠 벌 56. 벌릴 렬 57. 은혜 혜 58. 어두울 암 59. 지을 제 60. 거느릴 통 61. 낮을 저 62. 둥글 원 63. 나아갈 진 64. 사례할 사 65. 모을 축 66. 본디·흴 소 67. 사나울 폭 / 모질 포 68. 雲集(구름 운, 모을 집) 69. 筆記(붓 필, 기록할 기) 70. 識別(알 식 / 기록할 지, 다를·나눌 별) 71. 敬老(공경 경, 늙을 로) 72. 以上(써 이, 윗 상) 73. 部首(떼 부, 머리 수) 74. 調理(고를 조, 다스릴 리) 75. 告白(고할 고, 흰 백) 76. 說話(말씀 설 / 달랠 세, 말씀 화) 77. 觀相(볼 관, 서로 상) 78. 業 [自業自得(스스로 자, 업 업, 스스로 자, 얻을 득) : 자기가 저지른 일의 과보를 자기 자신이 받는 것] 79. 實 [實事求是(열매 실, 일 사, 구할 구, 이·옳을 시) : 사실에 근거하여 사물의 진상·진리 등을 연구하는 일을 이르는 말] 80. 弟 [呼兄呼弟(부를 호, 형 형, 부를 호, 아우 제) : 썩 가까운 벗의 사이에 형이니 아우니 하고 서로 부름을 이르는 말] 81. 半 [一言半句(한 일, 말씀 언, 반 반, 글귀 구) : 한 마디 말과 반 구절이라는 뜻으로, 아주 짧은 말을 이르는 말] 82. 通 [四通八達(넉 사, 통할 통, 여덟 팔, 통달할 달) : 도로나 교통망, 통신망 따위가 이리저리 사방으로 통함] 83. 勝 (勝이길 승, 敗패할 패) 84. 始 (始비로소 시, 末끝 말) 85. 直 (曲굽을 곡, 直곧을 직) 86. 奉 (奉받들 봉, 承이을 승) 87. 良 (善착할 선, 良어질 량) 88. 廣 (廣넓을 광, 博넓을 박) 89. 士 [士氣(선비 사, 기운 기)] * 史記(사기 사, 기록할 기 : 역사적 사실을 기록한 책) 90. 私 [私設(사사 사, 베풀 설)] * 社說(모일 사, 베풀 설) 91. 首 [首都(머리 수, 도읍 도)] * 修道(닦을 수, 길 도 : 도를 닦음) 92. 学 93. 号 94. 発 95. 走 96. 目 97. 勺 98. 시력이 미치는 범위 * 시계(視볼 시, 界지경 계) 99. 사물을 보고 분별하는 능력 * 안목(眼눈 안, 目눈 목) 100. 보고하는 것 * 신고(申납 신, 告고할 고)

1. 廣大(넓을 광, 큰 대) 2. 진취(進나아갈 진, 取가질 취) 3. 창조(創비롯할 창, 造지을 조) 4. 도처(到이를 도, 處곳 처) 5. 發見(필 발, 볼 견 / 뵈올 현) 6. 音樂(소리 음, 즐길 락 / 노래 악 / 좋아할 요) 7. 風流(바람 풍, 흐를 류) 8. 格式(격식 격, 법 식) 9. 自由(스스로 자, 말미암을 유) 10. 미래(未아닐 미, 來올 래) 11. 展望(펼 전, 바랄 망) 12. 준비(準준할 준, 備갖출 비) 13. 전통(傳전할 전, 統거느릴 통) 14. 명맥(命목숨 명, 脈줄기 맥) 15. 제한(際즈음·가 제, 限한할 한) 16. 호감(好좋을 호, 感느낄 감) 17. 시상(施베풀 시, 賞상줄 상) 18. 정도(程한도·길 정, 度법도 도 / 헤아릴 탁) 19. 취조(取가질 취, 調고를 조) 20. 시인(是이·옳을 시, 認알 인) 21. 설치(設베풀 설, 置둘 치) 22. 압승(壓누를 압, 勝이길 승) 23. 길조(吉길할 길, 鳥새 조) 24. 수입(收거둘 수, 入들 입) 25. 체험(體몸 체, 驗시험 험) 26. 시집(詩시 시, 集모을 집) 27. 천혜(天하늘 천, 惠은혜 혜) 28. 옥체(玉구슬 옥, 體몸 체) 29. 수비(守지킬 수, 備갖출 비) 30. 허용(許허락할 허, 容얼굴 용) 31. 사찰(査조사할 사, 察살필 찰) 32. 보병(步걸음 보, 兵병사 병) 33. 성대(盛성할 성, 大큰 대) 34. 협동(協화할 협, 同한가지 동) 35. 영광(榮영화 영, 光빛 광) 36. 속보(速빠를 속, 報갚을·알릴 보) 37. 율동(律법칙 률, 動움직일 동) 38. 여담(餘남을 여, 談말씀 담) 39. 수액(樹나무 수, 液진 액) 40. 차례(次버금 차, 例법식 례) 41. 방문(房방 방, 門문 문) 42. 결격(缺이지러질 결, 格격식 격) 43. 보배 보 44. 형세 세 45. 얻을 득 46. 비롯할 창 47. 빽빽할 밀 48. 통달할 달 49. 두 량 50. 끊을 단 51. 절 배 52. 부를 호 53. 그릇 기 54. 노래 요 55. 표 표 56. 형상 상 / 문서 장 57. 침노할 침 58. 참 진 59. 회복할 복 / 다시 부 60. 더할 익 61. 베·펼 포 / 보시 보 62. 기록할 록 63. 무리 중 64. 무리 대 65. 友軍(벗 우, 군사 군) 66. 一切(한 일, 끊을 절 / 온통 체) 67. 歲月(해 세, 달 월) 68. 團結(둥글 단, 맺을 결) 69. 旅路(나그네 려, 길 로) 70. 商店(장사 상, 가게 점) 71. 知識(알 지, 알 식 / 기록할 지) 72. 高速(높을 고, 빠를 속) 73. 性品(성품 성, 물건 품) 74. 宅地(집 택·댁, 땅 지) 75. 兒童(아이 아, 아이 동) 76. 過多(지날 과, 많을 다) 77. 充實(채울 충, 열매 실) 78. 再[非一非再(아닐 비, 한 일, 아닐 비, 두 재)] 79. 十[權不十年(권세 권, 아닐 불·부, 열 십, 해 년)] 80. 歲[歲時風俗(해 세, 때 시, 바람 풍, 풍속 속)] 81. 意[得意滿面(얻을 득, 뜻 의, 찰 만, 낯 면)] 82. 獨[獨不將軍(홀로 독, 아닐 불·부, 장수 장, 군사 군)] 83. 來(去갈 거, 來올 래) 84. 民(民백성 민, 官벼슬 관) 85. 向(向향할 향, 背등 배) 86. 觀(觀볼 관, 察살필 찰) 87. 團(團둥글 단, 圓둥글 원) 88. 類(部떼 부, 類무리 류) 89. 長[市長(저자 시, 긴 장)] * 市場(저자 시, 마당 장 : 물건을 사고파는 일정한 장소) 90. 週[週間(주일 주, 사이 간)] * 晝間(낮 주, 사이 간 : 낮 동안) 91. 前[前歷(앞 전, 지날 력)] * 戰力(싸움 전, 힘 력 : 전쟁 등을 치르는 힘) 92. 実 93. 悪 94. 万 95. 豆 96. 香 97. □ 98. 변함없이 전과 같음 * 여전(如같을 여, 前앞 전) 99. 남은 힘 * 여력(餘남을 여, 力힘 력) 100. 지나간 해 * 왕년(往갈 왕, 年해 년)

1. 각고(刻새길 각, 苦쓸 고)   2. 휴가(休쉴 휴, 暇틈ㆍ겨를 가)   3. 사려(思생각 사, 慮생각할 려)   4. 선도(善착할 선, 導인도할 도)   5. 성대(盛성할 성, 大큰 대)   6. 구설수(口입 구, 舌혀 설, 數셈 수)   7. 이견(異다를 이, 見볼 견 / 뵈올 현)   8. 의식(儀거동 의, 式법 식)   9. 고층(高높을 고, 層층 층)   10. 온천(溫따뜻할 온, 泉샘 천)   11. 걸작(傑뛰어날 걸, 作지을 작)   12. 검소(儉검소할 검, 素본디ㆍ흴 소)   13. 유학(留머무를 류, 學배울 학)   14. 인맥(人사람 인, 脈줄기 맥)   15. 기록(記기록할 기, 錄기록할 록)   16. 입시(入들 입, 試시험 시)   17. 수입(收거둘 수, 入들 입)   18. 적군(敵대적할 적, 軍군사 군)   19. 공적(功공 공, 績길쌈 적)   20. 전곡(錢돈 전, 穀곡식 곡)   21. 치과(齒이 치, 科과목 과)   22. 의사(醫의원 의, 師스승 사)   23. 상태(常떳떳할 상, 態모습 태)   24. 고통(苦쓸 고, 痛아플 통)   25. 고향(故연고 고, 鄕시골 향)   26. 양계(養기를 양, 鷄닭 계)   27. 계승(繼이을 계, 承이을 승)   28. 박자(拍칠 박, 子아들 자)   29. 방해(妨방해할 방, 害해할 해)   30. 지역(地땅 지, 域지경 역)   31. 연료(燃탈 연, 料헤아릴 료)   32. 용이(容얼굴 용, 易쉬울 이 / 바꿀 역)   33. 고요할 정   34. 판단할 판   35. 무리 군   36. 다할ㆍ궁할 궁   37. 고를 균   38. 분할 분   39. 가루 분   40. 미리 예   41. 맞을 영   42. 좇을 종   43. 붉을 주   44. 나타날 현   45. 씨 핵   46. 들일 납   47. 층계 단   48. 쏠 사   49. 말씀 사   50. 근원 원   51. 맡길 위   52. 보배 진   53. 다할 진   54. 기릴 찬   55-57. ①③⑩(①이순 ②개시 ③단명 ④직감 ⑤가족 ⑥변방 ⑦도시 ⑧두목 ⑨독신 ⑩강도) * 短(짧을 단)의 경우 '短命(단명)'은 장음이지만, '短點(단점)', '短縮(단축)'은 단음이다. 또한, 强(강할 강)의 경우 '억지 쓰다', '강제하다'는 뜻의 强盜(강도), 强制(강제)는 장음이지만, '굳세다', '강하다'는 뜻의 强力(강력), 强化(강화)는 단음이다.   58. 健 [强健(강할 강, 굳셀 건)]   59. 打 [打擊(칠 타, 칠 격)]   60. 獨 [孤獨(외로울 고, 홀로 독)]   61. 冷 [溫冷(따뜻할 온, 찰 랭)]   62. 當 [當落(마땅 당, 떨어질 락)]   63. 弟 [師弟(스승 사, 아우 제)]   64. 扌(手)   65. 臼   66. 田   67. 擇   68. 価   69. 体   70. 家計(집 가, 셀 계) * 家系(집 가, 이어맬 계 : 대대로 내려온 한 집안의 계통]   71. 私有(사사 사, 있을 유) * 事由(일 사, 말미암을 유 : 일의 까닭)   72. 植樹(심을 식, 나무 수) * 食水(밥ㆍ먹을 식, 물 수 : 먹는 물)   73. 어떤 사람 [或者(혹 혹, 놈 자)]   74. 책임지고 맡아 관리함 [主管(임금ㆍ주인 주, 대롱ㆍ주관할 관)]   75. 여러 가지 재주 [雜技(섞일 잡, 재주 기)]   76. 動 [驚天動地(놀랄 경, 하늘 천, 움직일 동, 땅 지) : 하늘이 놀라고 땅이 흔들림. 세상을 놀라게 함]   77. 戰 [惡戰苦鬪(악할 악 / 미워할 오, 싸움 전, 쓸 고, 싸움 투) : 매우 어려운 조건을 무릅쓰고 힘을 다하여 고생스럽게 싸움]   78. 書 [身言書判(몸 신, 말씀 언, 글 서, 판단할 판) : 인물을 선택하는 네 가지 조건. 몸, 말씨, 글씨, 판단력]   79. 爲 [無爲徒食(없을 무, 하ㆍ할 위, 무리 도, 밥ㆍ먹을 식) : 하는 일 없이 먹기만 함]   80. 骨 [鷄卵有骨(닭 계, 알 란, 있을 유, 뼈 골) : 달걀에도 뼈가 있다는 뜻으로, 일이 방해됨을 이르는 말. 또는 일이 안되는 사람은 좋은 기회가 와도 역시 일이 안 됨을 말함]   81. 對話   82. 頭角   83. 分業   84. 車費   85. 熱心   86. 英才(꽃부리 영, 재주 재)   87. 平均(평평할 평, 고를 균)   88. 知能(알 지, 능할 능)   89. 創意性(비롯할 창, 뜻 의, 성품 성)   90. 定義(정할 정, 옳을 의)   91. 쉬울   92. 바꿀   93. 난이도(難어려울 난, 易바꿀 역 / 쉬울 이, 度법도 도 / 헤아릴 탁)   94. 역서(易바꿀 역 / 쉬울 이, 書글 서)   95. 異常(다를 이, 떳떳할 상)   96. 溫度(따뜻할 온, 법도 도)   97. 現狀(나타날 현, 형상 상 / 문서 장)   98. 절반(折꺾을 절, 半반 반)   99. 적금(積쌓을 적, 金쇠 금 / 성(姓) 김)   100. 必要(반드시 필, 요긴할 요)

1. 방영(放놓을 방, 映비칠 영) 2. 예감(豫미리 예, 感느낄 감) 3. 생존(生날 생, 存있을 존) 4. 종속(從좇을 종, 屬붙일 속) 5. 험담(險험할 험, 談말씀 담) 6. 개혁(改고칠 개, 革가죽 혁) 7. 완납(完완전할 완, 納들일 납) 8. 발사(發필 발, 射쏠 사) 9. 위임(委맡길 위, 任맡길 임) 10. 영업(營경영할 영, 業업 업) 11. 사견(私사사 사, 見볼 견) 12. 응원(應응할 응, 援도울 원) 13. 위급(危위태할 위, 急급할 급) 14. 포위(包쌀 포, 圍에워쌀 위) 15. 잡지(雜섞일 잡, 誌기록할 지) 16. 매진(賣팔 매, 盡다할 진) 17. 직물(織짤 직, 物물건 물) 18. 진귀(珍보배 진, 貴귀할 귀) 19. 홍안(紅붉을 홍, 顔낯 안) 20. 혼합(混섞을 혼, 合합할 합) 21. 중후(重무거울 중, 厚두터울 후) 22. 환희(歡기쁠 환, 喜기쁠 희) 23. 간편(簡대쪽·간략할 간, 便편할 편) 24. 여간(如같을 여, 干방패 간) 25. 판각(板널 판, 刻새길 각) 26. 강우(降내릴 강 / 항복할 항, 雨비 우) 27. 과감(果실과 과, 敢감히 감) 28. 거절(拒막을 거, 絶끊을 절) 29. 관람(觀볼 관, 覽볼 람) 30. 감수(甘달 감, 受받을 수) 31. 진열(陳진칠 진, 列벌릴 렬) 32. 답사(答대답 답, 辭말씀 사) 33-35. ②⑤⑩ (①지식 ②근검 ③착수 ④공정 ⑤범위 ⑥고음 ⑦낙엽 ⑧등교 ⑨노력 ⑩응원) * 우리말로 漢字音을 적었을 때 "ㄱ ㅂ" 받침이 들어가는 漢字와 "ㄹ" 받침이 들어가는 漢字는 모두 짧게 발음한다. 위 보기의 "③착수"의 경우 "ㄱ" 받침이 들어가 있기 때문에 단음이다. 36. 일컬을 칭 37. 찾을 탐 38. 이을 계 39. 쇳돌 광 40. 곡식 곡 41. 터럭 발 42. 말씀 변 43. 이마 액 44. 바꿀 역 / 쉬울 이 45. 탈 연 46. 가지런할 정 47. 짤 조 48. 평할 평 49. 피할 피 50. 더불·줄 여 51. 칠 박 52. 곤할 곤 53. 갈래 파 54. 칠 토 55. 晝夜(晝낮 주, 夜밤 야) 56. 注入(注부을 주, 入들 입) 57. 團結(團둥글 단, 結맺을 결) 58. 競合(競다툴 경, 合합할 합) 59. 共生(共한가지 공, 生날 생) 60. 曲解(曲굽을 곡, 解풀 해) 61. 登場(登오를 등, 場마당 장) 62. 朗讀(朗밝을 랑, 讀읽을 독 / 구절 두) 63. 旅費(旅나그네 려, 費쓸 비) 64. 相當(相서로 상, 當마땅 당) 65. 選出(選가릴 선, 出날 출) 66. 親選(親친할 친, 選가릴 선) 67. 坐席(坐앉을 좌, 席자리 석) 68. 先頭(先먼저 선, 頭머리 두) 69. 幸運(幸다행 행, 運옮길 운) 70. 敎育(敎가르칠 교, 育기를 육) 71. 遠大(遠멀 원, 大큰 대) 72. 院長(院집 원, 長긴 장) 73. 良書(良어질 량, 書글 서) 74. 着手(着붙을 착, 手손 수) 75. 変 76. 広 77. 図 78. 폭발하듯 갑자기 웃는 웃음 [爆笑(爆불터질 폭, 웃음 소)] 79. 물이 흘러나오는 근원, 사물의 근원 [源泉(근원 원, 샘 천)] 80. 형세나 세력 따위가 한창 왕성한 시기 [全盛期(온전 전, 성할 성, 기약할 기)] 81. 獨 (孤외로울 고, 獨홀로 독) 82. 格 (規법 규, 格격식 격) 83. 成 (成이룰 성, 就나아갈 취) 84. 陽 [陰陽(그늘 음, 볕 양)] 85. 他 [自他(스스로 자, 다를 타)] 86. 終 [始終(비로소 시, 마칠 종)] 87. 寸 88. 宀 89. 止 90. 心 [心機一轉(마음 심, 틀 기, 한 일, 구를 전) : 어떤 일을 계기로 기분이 아주 달라짐] 91. 目 [目不識丁(눈 목, 아닐 불·부, 알 식, 고무래·장정 정) : 아주 간단한 글자인 'ㅜ'자를 보고도 그것이 '고무래'인 줄을 알지 못한다는 뜻으로, 아주 까막눈임을 이르는 말] 92. 正 [事必歸正(일 사, 반드시 필, 돌아갈 귀, 바를 정) : 무슨 일이나 결국 옳은 이치대로 돌아감] 93. 藥 [藥房甘草(약 약, 방 방, 달 감, 풀 초) : 한약에 감초를 넣는 경우가 많아 한약방에 감초가 반드시 있다는 데서, 어떤 일에나 빠짐없이 끼어드는 사람 또는 꼭 있어야 할 물건을 비유적으로 이르는 말] 94. 近 [近朱者赤(가까울 근, 붉을 주, 놈 자, 붉을 적) : 붉은 것 옆에 있으면 붉게 됨] 95. 感謝(느낄 감, 사례할 사) * 監査(볼 감, 조사할 사 : 감독하고 검사함) 96. 事前(일 사, 앞 전) * 辭典(말씀 사, 법 전 : 낱말을 모아 일정한 순서로 배열하여 해설한 책) 97. 日程(날 일, 한도·길 정) * 一定(한 일, 정할 정) 98. 계절(季계절 계, 節마디 절) 99. 制度(절제할 제, 법도 도 / 헤아릴 탁) 100. 地境 [(땅 지, 지경 경) * 1. 일정한 테두리 안의 땅 2. '겨우'나 '형편', '정도'의 뜻을 나타내는 말]

1. 피곤(疲피곤할 피, 困곤할 곤) 2. 표시(標표할 표, 示보일 시) 3. 한가(閑한가할 한, 暇 틈·겨를 가) 4. 귀가(歸돌아갈 귀, 家집 가) 5. 극장(劇심할 극, 場마당 장) 6. 근무(勤부지런할 근, 務힘쓸 무) 7. 신기(新새 신, 奇기특할 기) 8. 기념(紀벼리 기, 念생각할 념) 9. 부인(否아닐 부, 認알 인) 10. 항의(抗겨룰 항, 議의논할 의) 11. 연유(緣인연 연, 由말미암을 유) 12. 비판(批비평할 비, 判판단할 판) 13. 상영(上윗 상, 映비칠 영) 14. 예매(豫미리 예, 買살 매) 15. 영리(營경영할 영, 利이할 리) 16. 우대(優넉넉할 우, 待기다릴 대) 17. 주류(酒술 주, 類무리 류) 18. 우송(郵우편 우, 送보낼 송) 19. 종로(鐘쇠북 종, 路길 로) 20. 주변(周두루 주, 邊가 변) 21. 개헌(改고칠 개, 憲법 헌) 22. 핵심(核씨 핵, 心마음 심) 23. 분노(憤분할 분, 怒성낼 노) 24. 위험(危위태할 위, 險험할 험) 25. 형사(刑형벌 형, 事일 사) 26. 도주(逃도망할 도, 走달릴 주) 27. 도난(盜훔칠 도, 難어려울 난) 28. 기회(機틀 기, 會모일 회) 29. 납득(納들일 납, 得얻을 득) 30. 비밀(祕숨길 비, 密빽빽할 밀) ** 密:빽빽하다〉깊숙하다〉고요하다〉은밀하다의 뜻으로 깊숙이 숨겼다는 뜻으로 쓰임 31. 사담(私사사 사, 談말씀 담) 32. 상처(傷다칠 상, 處곳 처) 33. 흩을 산 34. 도울 원 35. 에워쌀 위 36. 기록할 지 37. 빛날 화 38. 죽일 살 / 감할·빠를 쇄 39. 남길 유 40. 섞을 혼 41. 볼 간 42. 내릴 강 / 항복할 항 43. 클 거 44. 볼 람 45. 숨을 은 46. 간략할·약할 략 47. 의지할 의 48. 베풀 장 49. 남을 잔 50. 의심할 의 51. 베풀 선 52. 매울 렬 53. 깨달을 각 54. 모양 자 55-57. ④⑤⑧ (①생물 ②서양 ③유래 ④염려 ⑤하지 ⑥육성 ⑦색상 ⑧파악 ⑨책임 ⑩출발) 58. 質 [素質(본디·흴 소, 바탕 질)] 59. 期 [時期(때 시, 기약할 기)] 60. 兒 [兒童(아이 아, 아이 동)] 61. 悲 [喜悲(기쁠 희, 슬플 비)] 62. 黑 [黑白(검을 흑, 흰 백)] 63. 集 [集散(모일 집, 흩을 산)] 64. 彳 65. 巾 66. 尸 67. 医 68. 経 69. 万 70. 經費(지날 · 글 경, 쓸 비) * 警備(깨우칠 경, 갖출 비 : 도난, 재난, 침략 따위를 염려하여 사고가 나지 않도록 미리 살피고 지키는 일) 71. 宣傳(베풀 선, 전할 전) * 善戰(착할 선, 싸움 전 : 있는 힘을 다하여 잘 싸움) 72. 自制(스스로 자, 절제할 제) * 子弟(아들 자, 아우 제) 73. 잘 들을 수 없는 상태 [難聽(어려울 난, 들을 청)] 74. 속도가 매우 빠름 [快速(쾌할 쾌, 빠를 속)] 75. 좋은 평가 [好評(좋을 호, 평할 평)] 76. 味 [山海珍味(메 산, 바다 해, 보배 진, 맛 미) : 산과 바다에서 나는 물건으로 만든 맛 좋은 음식] 77. 說 [甘言利說(달 감, 말씀 언, 이할 리, 말씀 설 / 달랠 세) : 남의 비위에 맞도록 꾸민 달콤한 말과 이로운 조건을 붙여 꾀는 말] 78. 失 [大驚失色(큰 대, 놀랄 경, 잃을 실, 빛 색) : 크게 놀라서 낯빛을 잃음을 의미함] 79. 價 [過大評價(지날 과, 큰 대, 평할 평, 값 가) : 실제보다 지나치게 높이 평가함을 이름] 80. 苦 [苦盡甘來(쓸 고, 다할 진, 달 감, 올 래) : 쓴 것이 다하면 단 것이 온다는 뜻으로, 고생 끝에 즐거움이 옴을 이르는 말] 81. 參見 82. 靑春 83. 空間 84. 舊式 85. 便利 86. 世界(인간 세, 지경 계) 87. 列強(벌릴 렬, 강할 강) 88. 文明(글월 문, 밝을 명) 89. 發展(필 발, 펼 전) 90. 勝負(이길 승, 질 부) 91. 예술(재주 예, 재주 술) 92. 연장(늘일 연, 긴 장) 93. 곡조(굽을 곡, 고를 조) 94. 유음(남길 유, 소리 음) 95. 固有(굳을 고, 있을 유) 96. 樂器(노래 악 / 즐길 락 / 좋아할 요, 그릇 기) 97. 鄕土(시골 향, 흙 토) 98. 편할 99. 변 100. 다시

4級 – 4회 해설

1. 우유(牛소 우, 乳젖 유) 2. 유흥(遊놀 유, 興일 흥) 3. 은거(隱숨을 은, 居살 거) 4. 결혼(結맺을 결, 婚혼인할 혼) 5. 화려(華빛날 화, 麗고울 려) 6. 동갑(同한가지 동, 甲갑옷 갑) 7. 거부(拒클 거, 富부자 부) 8. 약도(略간략할·약할 략, 圖그림 도) 9. 식량(食밥·먹을 식, 糧양식 량) 10. 선언(宣베풀 선, 言말씀 언) 11. 속성(屬붙일 속, 性성품 성) 12. 상이(相서로 상, 異다를 이) 13. 자태(姿모양 자, 態모습 태) 14. 자매(姉손윗누이 자, 妹누이 매) 15. 복잡(複겹칠 복, 雜섞일 잡) 16. 청사(廳관청 청, 舍집 사) 17. 원천(源근원 원, 泉샘 천) 18. 초청(招부를 초, 請청할 청) 19. 유추(類무리 류, 推밀 추) 20. 단축(短짧을 단, 縮줄일 축) 21. 취임(就나아갈 취, 任맡길 임) 22. 갱생(更다시 갱 / 고칠 경, 生날 생) 23. 충견(忠충성 충, 犬개 견) 24. 격파(擊칠 격, 破깨뜨릴 파) 25. 경탄(驚놀랄 경, 歎탄식할 탄) 26. 경계(警경계할 경, 戒경계할 계) 27. 면학(勉힘쓸 면, 學배울 학) 28. 모조(模본뜰 모, 造지을 조) 29. 취향(趣뜻 취, 向향할 향) 30. 설전(舌혀 설, 戰싸움 전) 31. 거역(拒막을 거, 逆거스를 역) 32. 유생(儒선비 유, 生날 생) 33-35. ②③⑤ ①요리 ②요금 ③미술 ④미국 ⑤편지 ⑥편안 ⑦초목 ⑧교통 ⑨관심 ⑩유수 * 料(헤아릴 료)의 경우 '料理(요리)'는 단음으로 발음되지만, '料金(요금)'은 장음으로 발음된다. 美(아름다울 미)의 경우는 '아름답다'는 뜻의 '美術(미술)'은 장음으로 발음되지만, '美國(미국)', '美軍(미군)' 등 나라이름으로 쓰일 경우 단음으로 발음된다. 또한, 便(편할 편)은 '便紙(편지)'처럼 소식이라는 뜻으로 쓰일 경우는 장음으로, '편하다'는 뜻으로 쓰일 경우, 즉 '便利(편리)', '便安(편안)'은 단음으로 발음된다. 36. 방해할 방 37. 늘일 연 38. 점 점 39. 임금 제 40. 불터질 폭 41. 표할 표 42. 한가할 한 43. 돌아갈 귀 44. 부칠 기 45. 겹칠 복 46. 질 부 47. 피곤할 피 48. 겨룰 항 49. 굽힐 굴 50. 권할 권 51. 힘줄 근 52. 넓을 보 53. 인연 연 54. 비칠 영 55. 幸福(다행 행, 복 복) 56. 困難(곤할 곤, 어려울 난) 57. 過去(지날 과, 갈 거) 58. 後代(뒤 후, 대신할 대) 59. 俗談(풍속 속, 말씀 담) 60. 朝鮮(아침 조, 고울 선) 61. 衛生(지킬 위, 날 생) 62. 注意(물댈 주, 뜻 의) 63. 改良(고칠 개, 어질 량) 64. 平民(평평할 평, 백성 민) 65. 洋食(큰바다 양, 밥·먹을 식) 66. 夏期(여름 하, 기약할 기) 67. 放學(놓을 방, 배울 학) 68. 水路(물 수, 길 로) 69. 往復(갈 왕, 회복할 복 / 다시 부) 70. 家庭(집 가, 뜰 정) 71. 感情(느낄 감, 뜻 정) 72. 再昨年(두 재, 어제 작, 해 년) 73. 旅行(나그네 려, 다닐 행 / 항렬 항) 74. 靑年(푸를 청, 해 년) 75. 旧 76. 売 77. 労 78. 따끔한 충고 [一針(한 일, 바늘 침)] 79. 미리 일러서 알게 함 [豫告(미리 예, 고할 고)] 80. 스스로 자기의 가치를 믿는 마음 [自負心(스스로 자, 질 부, 마음 심)] 81. 團 [集團(모을 집, 둥글 단)] 82. 理 [理致(다스릴 리, 다스릴 치)] 83. 朴 [質朴(바탕 질, 성 박)] 84. 賞 [賞罰(상줄 상, 벌할 벌)] 85. 給 [收給(걷을 수, 줄 급)] 86. 輕 [輕重(가벼울 경, 무거울 중)] 87. 黑 88. 土 89. 广 90. 命 [見危授命(볼 견 / 뵈올 현, 위태할 위, 줄 수, 목숨 명) : 나라가 위급할 때 자기 몸을 나라에 바침] 91. 異 [大同小異(큰 대, 한가지 동, 작을 소, 다를 이) : 큰 차이 없이 거의 같음] 92. 相 [骨肉相殘(뼈 골, 고기 육, 서로 상, 남을 잔) : 같은 민족끼리 해치며 싸우는 일] 93. 外 [奇想天外(기특할 기, 생각 상, 하늘 천, 바깥 외) : 기이한 생각이 하늘 밖에까지 미침] 94. 辭 [美辭麗句(아름다울 미, 말씀 사, 고울 려, 글귀 구) : 좋은 말과 화려한 글귀] 95. 貴重(귀할 귀, 무거울 중) * 貴中(귀할 귀, 가운데 중 : 편지 등을 보낼 때 받는 쪽의 이름 뒤에 쓰는 높임말) 96. 死守(죽을 사, 지킬 수) * 射手(쏠 사, 손 수 : 총이나 활 따위를 쏘는 사람) 97. 至誠(이를 지, 정성 성) * 知性(알 지, 성품 성 : 지혜로운 성품) 98. 살필 성 99. 덜 생 100. 항상

1. 혼담(婚혼인할 혼, 談말씀 담) 2. 화촉(華빛날 화, 燭촛불 촉) 3. 환영(歡기쁠 환, 迎맞을 영) 4. 열화(烈매울 렬, 火불 화) 5. 성황(盛성할 성, 況상황 황) 6. 간단(簡대쪽·간략할 간, 單홑 단) 7. 감주(甘달 감, 酒술 주) 8. 거금(巨클 거, 金쇠 금 / 성(姓) 김) 9. 간판(看볼 간, 板널 판) 10. 감행(敢감히·구태여 감, 行다닐 행 / 항렬 항) 11. 대략(大큰 대, 略간략할·약할 략) 12. 회람(回돌아올 회, 覽볼 람) 13. 혼란(混섞을 혼, 亂어지러울 란) 14. 근육(筋힘줄 근, 肉고기 육) 15. 독설(毒독 독, 舌혀 설) 16. 비자금(祕숨길 비, 資재물 자, 金쇠 금 / 성(姓) 김) 17. 의심(疑의심할 의, 心마음 심) 18. 주장(主임금·주인 주, 張베풀 장) 19. 취미(趣뜻 취, 味맛 미) 20. 계절(季계절 계, 節마디 절) 21. 초대(招부를 초, 待기다릴 대) 22. 걸출(傑뛰어날 걸, 出날 출) 23. 경청(傾기울 경, 聽들을 청) 24. 중견(中가운데 중, 堅굳을 견) 25. 절묘(絶끊을 절, 妙묘할 묘) 26. 무곡(舞춤출 무, 曲굽을 곡) 27. 갱신(更다시 갱 / 고칠 경, 新새 신) 28. 손실(損덜 손, 失잃을 실) 29. 사적(史사기 사, 籍문서 적) 30. 전념(專오로지 전, 念생각 념) 31. 출판(出날 출, 版널 판) 32. 독점(獨홀로 독, 占점령할 점 / 점칠 점) 33. 재물 자 34. 밀 추 35. 붙일 속 36. 어지러울 란 37. 생각할 려 38. 혀 설 39. 거동 의 40. 어질 인 41. 손윗누이 자 42. 장할 장 43. 들을 청 44. 부를 초 45. 뛰어날 걸 46. 검소할 검 47. 격할 격 48. 굳을 견 49. 힘쓸 면 50. 본뜰 모 51. 덜 손 52. 엄숙할 숙 53. 놀랄 경 54. 근거 거 55-57. ①⑦⑨ (①이치 ②입장 ③설경 ④생략 ⑤소독 ⑥속력 ⑦토론 ⑧토벌 ⑨영창 ⑩영화) * 討(칠 토)는 '찾다', '궁구하다'는 뜻일 때, 즉 討論(토론), 討議(토의)는 장음으로, '치다', '정벌하다'는 뜻의 討伐(토벌), 討滅(토멸)은 단음으로 발음된다. 映(비칠 영)은 映窓(영창)에서는 장음으로, 映畵(영화)에서는 단음으로 발음된다. 58. 名 [名稱(이름 명, 일컬을 칭)] 59. 件 [物件(물건 물, 물건 건)] 60. 末端 [末端(끝 말, 끝 단)] 61. 來 [往來(갈 왕, 올 래)] 62. 安 [安危(편안 안, 위태할 위)] 63. 害 [利害(이할 리, 해할 해)] 64. 子 65. 皿 66. 里 67. 号 68. 当 69. 会 70. 盛大(성할 성, 큰 대) * 聲帶(소리 성, 띠 대 : 소리를 내는 기관) 71. 天災(하늘 천, 재앙 재) * 天才(하늘 천, 재주 재 : 선천적으로 타고난 뛰어난 재주) 72. 通話(통할 통, 말씀 화) * 通貨(통할 통, 재물 화) 73. 남의 마음에 들도록 힘씀, 서로 뜻이 맞음 [迎合(맞을 영, 합할 합)] 74. 일이 다 된 끝 (段落(층계 단, 떨어질 락)) 75. 다른 생각, 딴 생각 [餘念(남을 여, 생각 념)] 76. 安 [居安思危(살 거, 편안 안, 생각 사, 위태로울 위) : 평안할 때에도 위험과 곤란이 닥칠 것을 생각하며 잊지 말고 미리 대비해야 함] 77. 玉 [金科玉條(쇠 금 / 성(姓) 김, 과목 과, 구슬 옥, 가지 조) : 금이나 옥처럼 귀중히 여겨 꼭 지켜야 할 법칙이나 규정] 78. 長 [落落長松(떨어질 락, 떨어질 락, 긴 장, 소나무 송) : 가지가 길게 축축 늘어진 키가 큰 소나무] 79. 成 [殺身成仁(죽일 살 / 감할·빠를 쇄, 몸 신, 이룰 성, 어질 인) : 목숨을 버려 어진 일을 이룸] 80. 水 [明鏡止水(밝을 명, 거울 경, 그칠 지, 물 수) : '맑은 거울과 고요한 물'이라는 뜻으로, 잡념이나 허욕이 없이 맑고 조용한 마음을 일컬음] 81. 才能 82. 寒心 83. 當直 84. 信念 85. 傳說 86. 建國(세울 건, 나라 국) 87. 分列(나눌 분, 벌릴 렬) 88. 半島(반 반, 섬 도) 89. 文物(글월 문, 물건 물) 90. 國運(나라 국, 옮길 운) 91. 動物(움직일 동, 물건 물) 92. 天然(하늘 천, 그럴 연) 93. 萬物(일만 만, 물건 물) 94. 군거(群무리 군, 居살 거) 95. 致用(이를 치, 쓸 용) 96. 강구(講욀 강, 究연구할 구) 97. 水陸(물 수, 뭍 륙) 98. 제압(절제할 제, 누를 압) 99. 쇄 100. 감하다

1. 수려(秀빼어날 수, 麗고울 려) 2. 당숙(堂집 당, 叔아재비 숙) 3. 면적(面낯 면, 積쌓을 적) 4. 권장(勸권할 권, 奬장려할 장) 5. 탄압(彈탄알 탄, 壓누를 압) 6. 통쾌(痛아플 통, 快쾌할 쾌) 7. 결투(決결단할 결, 鬪싸움 투) 8. 파병(派갈래 파, 兵병사 병) 9. 계열(系이을 계, 列벌릴 렬) 10. 고독(孤외로울 고, 獨홀로 독) 11. 골격(骨뼈 골, 格격식 격) 12. 공수(攻칠 공, 守지킬 수) 13. 광부(鑛쇳돌 광, 夫지아비 부) 14. 산발(散흩을 산, 髮터럭 발) 15. 무방(無없을 무, 妨방해할 방) 16. 침범(侵침노할 침, 犯범할 범) 17. 액수(額이마 액, 數셈 수) 18. 모양(模본뜰 모, 樣모양 양) 19. 정숙(靜고요할 정, 肅엄숙할 숙) 20. 평판(評평할 평, 判판단할 판) 21. 동포(同한가지 동, 胞세포 포) 22. 밀폐(密빽빽할 밀, 閉닫을 폐) 23. 피서(避피할 피, 暑더울 서) 24. 균등(均고를 균, 等무리 등) 25. 권선(勸권할 권, 善착할 선) 26. 비극(悲슬플 비, 劇심할 연극 극) 27. 기거(寄부칠 기, 居살 거) 28. 표본(標표할 표, 本근본 본) 29. 구상(構얽을 구, 想생각 상) 30. 탐사(探찾을 탐, 査조사할 사) 31. 포장(包쌀 포, 裝꾸밀 장) 32. 숭배(崇높을 숭, 拜절 배) 33-35. ⑤⑧⑨ (①급식 ②자유 ③특별 ④태평 ⑤세수 ⑥친애 ⑦판자 ⑧근방 ⑨노기 ⑩기본) * 우리말로 漢字音을 적었을 때 "ㄱ, ㅂ" 받침이 들어가는 漢字와 "ㄹ" 받침이 들어가는 漢字는 모두 짧게 발음한다. 위 보기의 ①給食(급식), ③特別(특별) 의 경우 각각 "ㅂ", "ㄱ" 받침이 들어가 있기 때문에 단음이다. 36. 기특할 기 37. 벼리 기 38. 엎드릴 복 39. 비석 비 40. 만날 우 41. 넉넉할 우 42. 쇠북 종 43. 두루 주 44. 자리 좌 45. 험할 험 46. 법 헌 47. 가죽 혁 48. 무리 도 49. 도망할 도 50. 숨길 비 51. 다칠 상 52. 위태할 위 53. 위엄 위 54. 위로할 위 55. 食堂(밥·먹을 식, 집 당) 56. 團體(둥글 단, 몸 체) 57. 記錄(기록할 기, 기록할 록) 58. 萬能(일만 만, 능할 능) 59. 近方(가까울 근, 모 방) 60. 變動(변할 변, 움직일 동) 61. 作別(지을 작, 다를·나눌 별) 62. 問病(물을 문, 병 병) 63. 祝福(빌 축, 복 복) 64. 信奉(믿을 신, 받들 봉) 65. 愛讀(사랑 애, 읽을 독 / 구절 두) 66. 夜景(밤 야, 볕 경) 67. 東洋(동녘 동, 큰바다 양) 68. 虛弱(빌 허, 약할 약) 69. 夕陽(저녁 석, 볕 양) 70. 品切(물건 품, 끊을 절 / 온통 체) 71. 停止(머무를 정, 그칠 지) 72. 題目(제목 제, 눈 목) 73. 志操(뜻 지, 잡을 조) 74. 卒業(마칠 졸, 업 업) 75. 児 76. 対 77. 个 78. 기회를 엿보아 큰 이익을 보려는 것 [投機(던질 투, 틀 기)] 79. 말을 탈 때 신 뒤축에 댄 쇠로 된 물건, 어떤 일을 촉진하려고 더하는 힘 [拍車(칠 박, 수레 차·거)] 80. 심심풀이로 하는 이야기 [閑談(한가할 한, 말씀 담)] 81. 爭 [鬪爭(싸움 투, 다툴 쟁)] 82. 足 [豊足(풍년 풍, 발 족)] 83. 在 [存在(있을 존, 있을 재)] 84. 公 [公私(공평할 공, 사사 사)] 85. 遠 [遠近(멀 원, 가까울 근)] 86. 果 [因果(인할 인, 실과 과)] 87. 耳 88. 田 89. 木 90. 質 [仙姿玉質(신선 선, 모양 자, 구슬 옥, 바탕 질) : 신선의 자태에 옥의 바탕이라는 뜻으로, 몸과 마음이 매우 아름다운 사람을 이르는 말] 91. 果 [五穀百果(다섯 오, 곡식 곡, 일백 백, 실과 과) : 온갖 곡식(穀食)과 과일] 92. 一 [危機一髮(위태할 위, 틀 기, 한 일, 터럭 발) : 여유가 조금도 없이 몹시 절박한 순간] 93. 聲 [異口同聲(다를 이, 입 구, 한가지 동, 소리 성) : 다른 입에서 같은 소리를 낸다는 데서, 여러 사람의 말이 한결같음을 말함] 94. 材 [適材適所(맞을 적, 재목 재, 맞을 적, 바 소) : 어떤 일에 적합한 재능을 가진 자에게 적합한 지위나 임무를 맡기는 것] 95. 招待(부를 초, 기다릴 대) * 初代(처음 초, 대신할 대 : 어떤 계통에서 최초의 사람) 96. 公害(공평할 공, 해할 해) * 公海(공평할 공, 바다 해 : 하늘처럼 끝이 없는 바다) 97. 壯觀(장할 장, 볼 관) * 長官(긴 장, 벼슬 관 : 정부 내의 행정 각부의 장) 98. 북 99. 달아나다 100. 배

1. 층수(層층 층, 數셈 수) 2. 추리(推밀 추, 理다스릴 리) 3. 축소(縮줄일 축, 小작을 소) 4. 증거 (證증거 증, 據근거 거) 5. 격렬(激격할 격, 烈매울 렬) 6. 견고(堅굳을 견, 固굳을 고) 7. 모양(模본뜰 모, 樣모양 양) 8. 성묘(省살필 성 / 덜 생, 墓무덤 묘) 9. 송림(松소나무 송, 林수풀 림) 10. 숭고(崇높을 숭, 高높을 고) 11. 장학(獎장려할 장, 學배울 학) 12. 저의(底밑 저, 意뜻 의) 13. 혹여(或혹 혹, 如같을 여) 14. 상황(狀형상 상 / 문서 장, 況상황 황) 15. 혼동(混섞을 혼, 同한가지 동) 16. 발휘(發필 발, 揮휘두를 휘) 17. 기후(氣기운 기, 候기후 후) 18. 탐구(探찾을 탐, 究연구할 구) 19. 명칭(名이름 명, 稱일컬을 칭) 20. 선택(選가릴 선, 擇가릴 택) 21. 탄식(歎탄식할 탄, 息쉴 식) 22. 자숙 (自스스로 자, 肅엄숙할 숙) 23. 계속(繼이을 계, 續이을 속) 24. 탈락(脫벗을 탈, 落떨어질 락) 25. 곤경(困곤할 곤, 境지경 경) 26. 곡식(穀곡식 곡, 食밥·먹을 식) 27. 보관 (保지킬 보, 管대롱·주관할 관) 28. 시범(示보일 시, 範법 범) 29. 범인(犯범할 범, 人사람 인) 30. 구역(區구분할· 지경 구, 域지경 역) 31. 구조(構얽을 구, 造지을 조) 32. 다양(多많을 다, 樣모양 양) 33. 울 명 34. 묘할 묘 35. 춤출 무 36. 기릴·칭송할 송 37. 높을 숭 38. 밑 저 39. 쌓을 적 40. 꾸밀 장 41. 오로지 전 42. 구를 전 43. 벗을 탈 44. 가릴 택 45. 섬돌 계 46. 외로울 고 47. 구멍 공 48. 대롱·주관할 관 49. 얽을 구 50. 범할 범 51. 모양 양 52. 탄식할 탄 53. 맞을 적 54. 장려할 장 55-57. ③⑤⑦ (①기능 ②명소 ③문답 ④민심 ⑤반성 ⑥문학 ⑦모친 ⑧시간 ⑨식사 ⑩습관) * 우리말로 漢字音을 적었을 때 "ㄱ, ㅂ" 받침이 들어가는 漢字와 "ㄹ" 받침이 들어가는 漢字는 모두 짧게 발음한다. 위 보기의 ⑨食事(식사), ⑩習慣(습관) 의 경우 각각 "ㄱ", "ㅂ" 받침이 들어가 있기 때문에 단음이다. 58. 良 [良好(어질 량, 좋을 호)] 59. 曲 [屈曲(굽힐 굴, 굽을 곡)] 60. 査 [査察(조사할 사, 살필 찰)] 61. 夫 [夫婦(지아비 부, 며느리 부)] 62. 文 [文武(글월 문, 호반 무)] 63. 落 [登落(오를 등, 떨어질 락)] 64. 巾 65. 貝 66. 阝(邑) 67. 団 68. 昼 69. 発 70. 救助(구원할 구, 도울 조) * 構造(얽을 구, 지을 조 : 부분이나 요소가 결합하여 전체를 이루고 있는 짜임새) 71. 解讀(풀 해, 읽을 독 / 구절 두) * 解毒(풀 해, 독 독 : 독을 푸는 일) 72. 田園(밭 전, 동산 원) * 全員(온전 전, 인원 원 : 논밭과 동산) 73. 여자의 고운 얼굴 [姿色(모양 자, 빛 색)] 74. 자신이 있는 듯이 큰소리침 [壯談(장할 장, 말씀 담)] 75. 중요하지 않은 관직 자리 [閑職(한가할 한, 직분 직)] 76. 利 [利用厚生(이할 리, 쓸 용, 두터울 후, 날 생) : 기물의 사용을 편리하게 하고 백성의 생활을 윤택하게 함] 77. 走 [走馬看山(달릴 주, 말 마, 볼 간, 메 산) : 말을 타고 다니면서 산을 본다는 뜻으로, 바빠서 자세히 살펴보지 않고 대강 보고 지나감을 이름] 78. 將 [日就月將(날 일, 나아갈 취, 달 월, 장수 장) : 날로 발전하여 나아감] 79. 敵 [仁者無敵(어질 인, 놈 자, 없을 무, 대적할 적) : 어진 사람은 모든 사람이 사랑하므로 세상에 적이 없음] 80. 張 [張三李四(베풀 장, 석 삼, 오얏·성(姓) 리, 넉 사) : '장씨의 셋째 아들과 이씨의 넷째 아들'이란 뜻으로, 평범한 보통사람을 이르는 말] 81. 滿足 82. 第一 83. 無效 84. 病患 85. 話術 86. 家庭(집 가, 뜰 정) 87. 氣質(기운 기, 바탕 질) 88. 學識(배울 학, 알 식 / 기록할 지) 89. 禮法(예도 례, 법 법) 90. 具備(갖출 구, 갖출 비) 91. 歷史(지날 력, 사기 사) 92. 不足(아닐 불·부, 발 족) 93. 대접(待기다릴 대, 接이을 접) 94. 世代(인간 세, 대신할 대) 95. 풍속(風바람 풍, 俗풍속 속) 96. 대등(對대할 대, 等무리 등) 97. 경지(境지경 경, 地땅 지) 98. 끊는다 99. 절 100. 체

1. 다양(多많을 다, 樣모양 양)　2. 광역(廣넓을 광, 域지경 역)　3. 여건(與더불·줄 여, 件물건 건)　4. 정렬(整가지런할 정, 列벌릴 렬)　5. 장정(壯장할 장, 丁고무래·장정 정)　6. 조립(組짤 조, 立설 립)　7. 장편(長긴 장, 篇책 편)　8. 폐교(閉닫을 폐, 校학교 교)　9. 호평(好좋을 호, 評평할 평)　10. 표어(標표할 표, 語말씀 어)　11. 피로(披피곤할 피, 露일할 로)　12. 반항(反돌아올·돌이킬 반, 抗겨룰 항)　13. 한탄(恨한할 한, 歎탄식할 탄)　14. 불굴(不아닐 불 ·부, 屈굽힐 굴)　15. 궁색(窮다할 궁, 色빛 색)　16. 권고(勸권할 권, 告고할 고)　17. 복귀(復회복할 복 / 다시 부, 歸돌아갈 귀)　18. 보편(普넓을 보, 遍두루 편)　19. 복병(伏엎드릴 복, 兵병사 병)　20. 복선(複겹칠 복, 線줄 선)　21. 부상(負질 부, 傷다칠 상)　22. 분유(粉가루 분, 乳젖 유)　23. 시비(詩시 시, 碑비석 비)　24. 연필(鉛납 연, 筆붓 필)　25. 영화(映비칠 영, 畵그림 화)　26. 영입(迎맞을 영, 入들 입)　27. 예고(豫미리 예, 告고할 고)　28. 민원(民백성 민, 怨원망할 원)　29. 경우(境지경 경, 遇만날 우)　30. 피난(避피할 피, 難어려울 난)　31. 조목(條가지 조, 目눈 목)　32. 점수(點점 점, 數셈 수)　33-35. ①④⑧ (①시초 ②재목 ③적중 ④순위 ⑤전력 ⑥풍습 ⑦학력 ⑧간접 ⑨허락 ⑩박사) * 우리말로 漢字音을 적었을 때 "ㄱ, ㅂ" 받침이 들어가는 漢字와 "ㄹ" 받침이 들어가는 漢字는 모두 짧게 발음한다. 위 보기의 ③的中(적중) ⑦學力(학력) ⑩博士(박사)의 경우 모두 "ㄱ" 받침이 들어가 있기 때문에 단음이다.　36. 우편 우　37. 술 주　38. 형벌 형　39. 혼인할 혼　40. 재 회　41. 두터울 후　42. 휘두를 휘　43. 도둑 도　44. 사사 사　45. 코끼리 상　46. 선비 유　47. 놀 유　48. 짤 직　49. 진칠 진　50. 책 책　51. 캘 채　52. 다를 차　53. 고리 환　54. 상황 황　55. 直感(곧을 직, 느낄 감)　56. 頭角(머리 두, 뿔 각)　57. 除去(덜 제, 갈 거)　58. 事件(일 사, 물건 건)　59. 到着(이를 도, 붙을 착)　60. 速度(빠를 속, 법도 도)　61. 道理(길 도, 다스릴 리)　62. 自動(스스로 자, 움직일 동)　63. 同時(한가지 동, 때 시)　64. 對比(대할 대, 견줄 비)　65. 寫本(베낄 사, 근본 본)　66. 生産(날 생, 낳을 산)　67. 葉書(잎 엽, 책 서)　68. 永遠(길 영, 멀 원)　69. 溫氣(따뜻할 온, 기운 기)　70. 外傷(바깥 외, 다칠 상)　71. 採用(캘 채, 쓸 용)　72. 注視(부을 주, 볼 시)　73. 紙面(종이 지, 낯 면)　74. 中止(가운데 중, 그칠 지)　75. 數　76. 硏　77. 庁　78. 남에게 얹혀 삶 [寄生(부칠 기, 날 생)]　79. 요구를 받아들이지 않는 것 [謝絕(사례할 사, 끊을 절)]　80. 사물의 형상을 본뜸 [象形(코끼리 상, 모양 형)]　81. 冷 [寒冷(찰 한, 찰 랭)]　82. 安 [便安(편할 편, 편안 안)]　83. 北 [敗北(패할 패, 달아날 배 / 북녘 북)]　84. 活 [死活(죽을 사, 살 활)]　85. 班 [班常(나눌 반, 떳떳할 상)]　86. 京 [京鄕(서울 경, 시골 향)]　87. 十　88. 行　89. 豕　90. 絲 [一絲不亂(한 일, 실 사, 아니 불·부, 어지러울 란) : 한 타래의 실이 전혀 헝클어지지 않음. 즉, 질서정연하여 조금도 어지러움이 없음]　91. 得 [自業自得(스스로 자, 업 업, 스스로 자, 얻을 득) : 자기가 저지른 일의 과보를 자기 자신이 받는 것]　92. 來 [興盡悲來(일 흥, 다할 진, 슬플 비, 올 래) : 즐거운 일이 지나가면 슬픈 일이 닥쳐온다는 뜻으로, 세상일이 순환됨을 일컫는 말]　93. 必 [必有曲折(반드시 필, 있을 유, 굽을 곡, 꺾을 절) : 반드시 무슨 까닭이 있음]　94. 分 [天生緣分(하늘 천, 날 생, 인연 연, 나눌 분) : 하늘에서 미리 정해진 연분]　95. 再考(두 재, 생각할 고)　* 在庫(있을 재, 곳집 고 : 창고에 있음)　96. 失手(잃을 실, 손 수)　* 實數(열매 실, 셈 수 : 추측이 아닌 실제로 확인된 수)　97. 指導(가리킬 지, 인도할 도)　* 地圖(땅 지, 그림 도)　98. 회복하다　99. 부　100. 다시

1. 찬가(讚기릴 찬, 歌노래 가) 2. 채취(採캘 채, 取가질 취) 3. 차이(差다를 차, 異다를 이) 4. 석회(石돌 석, 灰재 회) 5. 지휘(指가리킬 지, 揮휘두를 휘) 6. 희비(喜기쁠 희, 悲슬플 비) 7. 약간(若같을 약, 干방패 간) 8. 간수(看볼 간, 守지킬 수) 9. 거처(居살 거, 處곳 처) 10. 난동(亂어지러울 난, 動움직일 동) 11. 양곡(糧양식 량, 穀곡식 곡) 12. 배려(配나눌·짝 배, 慮생각할 려) 13. 성행(盛성할 성, 行다닐 행 / 항렬 항) 14. 의문(疑의심할 의, 問물을 문) 15. 의지(依의지할 의, 支지탱할 지) 16. 잡념(雜섞일 잡, 念생각 념) 17. 잔악(殘남을 잔, 惡악할 악 / 미워할 오) 18. 단층(單홑 단, 層층 층) 19. 골육(骨뼈 골, 肉고기 육) 20. 공혈(孔구멍 공, 穴구멍 혈) 21. 관리(管대롱·주관할 관, 理다스릴 리) 22. 침공(侵침노할 침, 攻칠 공) 23. 박수(拍칠 박, 手손 수) 24. 범위(範법 범, 圍에워쌀 위) 25. 범행(犯범할 범, 行다닐 행 / 항렬 항) 26. 변사(辯말씀 변, 士선비 사) 27. 여당(與더불·줄 여, 黨무리 당) 28. 역서(易바꿀 역 / 쉬울 이, 書글 서) 29. 가연(可옳을 가, 燃탈 연) 30. 연장(延늘일 연, 長긴 장) 31. 안정(安편안 안, 靜고요할 정) 32. 제국(帝임금 제, 國나라 국) 33-35. ① ②⑩ (①해외 ②현실 ③합동 ④길흉 ⑤다행 ⑥부부 ⑦복종 ⑧아동 ⑨안심 ⑩병원) * 우리말로 漢字音을 적었을 때 "ㄱ, ㅂ" 받침이 들어가는 漢字와 "ㄹ" 받침이 들어가는 漢字는 모두 짧게 발음한다. 위 보기의 ③合同(합동) ④吉凶(길흉) ⑦服從(복종)의 경우 각각 "ㅂ", "ㄹ", "ㄱ" 받침이 들어가 있기 때문에 단음이다. 36. 가지 조 37. 밀물·조수 조 38. 있을 존 39. 샘 천 40. 관청 청 41. 나아갈 취 42. 뜻 취 43. 줄일 축 44. 탄알 탄 45. 찾을 탐 46. 일컬을 칭 47. 아플 통 48. 던질 투 49. 싸움 투 50. 책 편 51. 평할 평 52. 한 한 53. 기쁠 희 54. 기쁠 환 55. 質問(바탕 질, 물을 문) 56. 集結(모을 집, 맺을 결) 57. 每週(매양 매, 주일 주) 58. 地帶(땅 지, 띠 대) 59. 表紙(겉 표, 종이 지) 60. 主力(임금·주인 주, 힘 력) 61. 終日(마칠 종, 날 일) 62. 白晝(흰 백, 낮 주) 63. 最初(가장 최, 처음 초) 64. 初面(처음 초, 낯 면) 65. 立秋(설 립, 가을 추) 66. 筆體(붓 필, 몸 체) 67. 充分(채울 충, 나눌 분) 68. 太半(클 태, 반 반) 69. 母親(어미 모, 친할 친) 70. 失敗(잃을 실, 패할 패) 71. 表面(겉 표, 낯 면) 72. 食卓(밥 식, 높을 탁) 73. 宅地(집 택·댁, 땅 지) 74. 利他(이할 리, 다를 타) 75. 学 76. 画 77. 伝 78. 사람을 살리는 의술 [仁術(어질 인, 재주 술)] 79. 크게 이김 [壓勝(누를 압, 이길 승)] 80. 공덕을 칭찬함 [頌德(기릴·칭송할 송, 큰 덕)] 81. 合 [統合(거느릴 통, 합할 합)] 82. 通 [通達(통할 통, 통달할 달)] 83. 財 [財貨(재물 재, 재물 화)] 84. 短 [長短(긴 장, 짧을 단)] 85. 合 [離合(떠날 리, 합할 합)] 86. 兵 [將兵(장수 장, 병사 병)] 87. 刀 88. 凵 89. 日 90. 悲 [一喜一悲(한 일, 기쁠 희, 한 일, 슬플 비) : 한번 기쁘고, 한번 슬픔] 91. 別 [千差萬別(일천 천, 다를 차, 일만 만, 다를·나눌 별) : 여러 가지 사물이 모두 차이가 있고 구별이 있음] 92. 會 [會者定離(모일 회, 놈 자, 정할 정, 떠날 리) : 만나면 반드시 헤어지게 마련임을 일컫는 말] 93. 相 [類類相從(무리 류, 무리 류, 서로 상, 좇을 종) : 비슷한 부류의 사람들끼리 모이는 것을 비유한 말] 94. 言 [言中有骨(말씀 언, 가운데 중, 있을 유, 뼈 골) : 말 속에 뼈가 있다는 뜻으로, 예사로운 말 속에 단단한 속뜻이 들어있음을 이르는 말] 95. 調和(고를 조, 화할 화) * 造花(지을 조, 꽃 화 : 종이나 천 등으로 사람이 만든 가짜 꽃) 96. 利害(이할 리, 해할 해) * 理解(다스릴 리, 풀 해 : 사리를 분별하여 해석함) 97. 展示(펼 전, 볼 시) * 戰時(싸움 전, 때 시 : 전쟁이 벌어진 때) 98. 락 99. 좋아하다 100. 요

1. 채용(採캘 채, 用쓸 용) 2. 차등(差다를 차, 等무리 등) 3. 칭찬(稱일컬을 칭, 讚기릴 찬) 4. 혹시(或혹 혹, 문이·옳을 시) 5. 혼란(混섞을 혼, 亂어지러울 란) 6. 상황(狀형상 상 / 문서 장, 況상황 황) 7. 일희일비(一한 일, 喜기쁠 희, 一한 일, 悲슬플 비) 8. 청자(聽들을 청, 者놈 자) 9. 간파(看볼 간, 破깨뜨릴 파) 10. 간결(簡대쪽·간략할 간, 潔깨끗할 결) 11. 약식(略간략할·약할 략, 式법 식) 12. 열렬(熱더울 열, 烈매울 렬) 13. 성황(盛성할 성, 況상황 황) 14. 선전(宣베풀 선, 傳전할 전) 15. 파손(破깨뜨릴 파, 損덜 손) 16. 총액(總다 총, 額이마 액) 17. 다양(多많을 다, 樣모양 양) 18. 자료(資재물 자, 料헤아릴 료) 19. 연장(延늘일 연, 長긴 장) 20. 시위(示보일 시, 威위엄 위) 21. 위풍(威위엄 위, 風바람 풍) 22. 위원(委맡길 위, 員인원 원) 23. 원조(援도울 원, 助도울 조) 24. 모유(母어미 모, 乳젖 유) 25. 지론(持가질 지, 論논할 론) 26. 위안(慰위로할 위, 安편안 안) 27. 물증(物물건 물, 證증거 증) 28. 자세(姿모양 자, 勢형세 세) 29. 범행(犯범할 범, 行다닐 행 / 항렬 항) 30. 안정(安편안 안, 靜고요할 정) 31. 환경(環고리 환, 境지경 경) 32. 진중(珍보배 진, 重무거울 중) 33-35. ⑤⑧⑨ (①어육 ②양지 ③전야 ④정열 ⑤이탈 ⑥절약 ⑦조간 ⑧사실 ⑨정렬 ⑩졸업) * 우리말로 漢字音을 적었을 때 "ㄱ, ㅂ" 받침이 들어가는 漢字와 "ㄹ" 받침이 들어가는 漢字는 모두 짧게 발음한다. 위 보기의 ⑥節約(절약) ⑩卒業(졸업)의 경우 모두 "ㄹ" 받침이 들어가 있기 때문에 단음이다. 36. 아플 통 37. 기쁠 환 38. 이어맬 계 39. 곳집 고 40. 기울 경 41. 아닐 부 42. 비평할 비 43. 경영할 영 44. 납 연 45. 마을 리 46. 장막 장 47. 섞일 잡 48. 꺾을 절 49. 점령할 점 / 점칠 점 50. 임금 제 51. 자리 좌 52. 밀물 · 조수 조 53. 칠 격 54. 던질 투 55. 充分(채울 충, 나눌 분) 56. 親切(친할 친, 끊을 절 / 온통 체) 57. 卓見(높을 탁, 볼 견) 58. 通念(통할 통, 생각 념) 59. 平等(평평할 평, 무리 등) 60. 發表(필 발, 겉 표) 61. 品行(물건 품, 다닐 행 / 항렬 항) 62. 必是(반드시 필, 이·옳을 시) 63. 獨學(홀로 독, 배울 학) 64. 加害(더할 가, 해할 해) 65. 許可(허락할 허, 옳을 가) 66. 外形(바깥 외, 모양 형) 67. 化石(될 화, 돌 석) 68. 患者(근심 환, 놈 자) 69. 孝誠(효도 효, 정성 성) 70. 活力(살 활, 힘 력) 71. 黑心(검을 흑, 마음 심) 72. 計劃(셀 계, 그을 획) 73. 高速(높을 고, 빠를 속) 74. 果敢(실과 과, 감히·구태여 감) 75. 実 76. 継 77. 両 78. 어떤 일에 재치 있게 대처하는 지혜 [機智(틀 기, 지혜 지)] 79. 뼈와 살, 혈통이 같은 부자, 형제, 육친 [骨肉(뼈 골, 고기 육)] 80. 마주 자리 잡고 앉아서 주고받는 이야기 [座談(자리 좌, 말씀 담)] 81. 獨 [單獨(홑 단, 홀로 독)] 82. 任 [擔任(멜 담, 맡길 임)] 83. 朴 [素朴(본디·흴 소, 성(姓) 박)] 84. 始 [始終(처음 시, 마칠 종)] 85. 陸 [陸海(뭍 륙, 바다 해)] 86. 昨 [昨今(어제 작, 이제 금)] 87. 口 88. 工 89. 山 90. 卵 [以卵擊石(써 이, 알 란, 칠 격, 돌 석) : 달걀을 돌로 친다는 뜻으로, 턱없이 약한 것으로 강한 것을 당해내려는 어리석음] 91. 畵 [自畵自讚(스스로 자, 그림 화, 스스로 자, 기릴 찬) : 자기가 한 일을 스스로 자랑함을 이르는 말] 92. 百 [一罰百戒(한 일, 벌할 벌, 일백 백, 경계할 계) : 한 사람을 벌주어 백 사람을 경계한다는 뜻으로, 한 사람을 벌하여 여러사람에게 경각심을 불러일으킴] 93. 一 [千慮一失(일천 천, 생각할 려, 한 일, 잃을 실) : 지혜로운 사람도 많은 생각 가운데는 간혹 실책이 있을 수 있다는 말] 94. 無 [孤立無援(외로울 고, 설 립, 없을 무, 도울 원) : 고립되어 구원받을 데가없음] 95. 報告(갚을·알릴 보, 고할 고) * 寶庫(보배 보, 곳집 고 : 귀중품을 간수해 두는 창고) 96. 賞品(상줄 상, 물건 품) * 商品(장사 상, 물건 품 : 사고파는 물품) 97. 婦人(며느리 부, 사람 인) * 否認(아닐 부, 알 인) 98. 폭 99. 모질다 100. 포

이것만 **알면** 통한다
한자능력검정시험

한국어문회에서 시행하는 한자능력검정시험에 완벽대비 할 수 있게 만든 한자 수험서.

더욱 쉬워진 자원풀이와 풍부한 활용단어를 수록하였으며 실전모의고사로 실전감각을 키운다.

씨앤톡 편집부 | 4×6배판 |
9,500원 ~ 22,000원

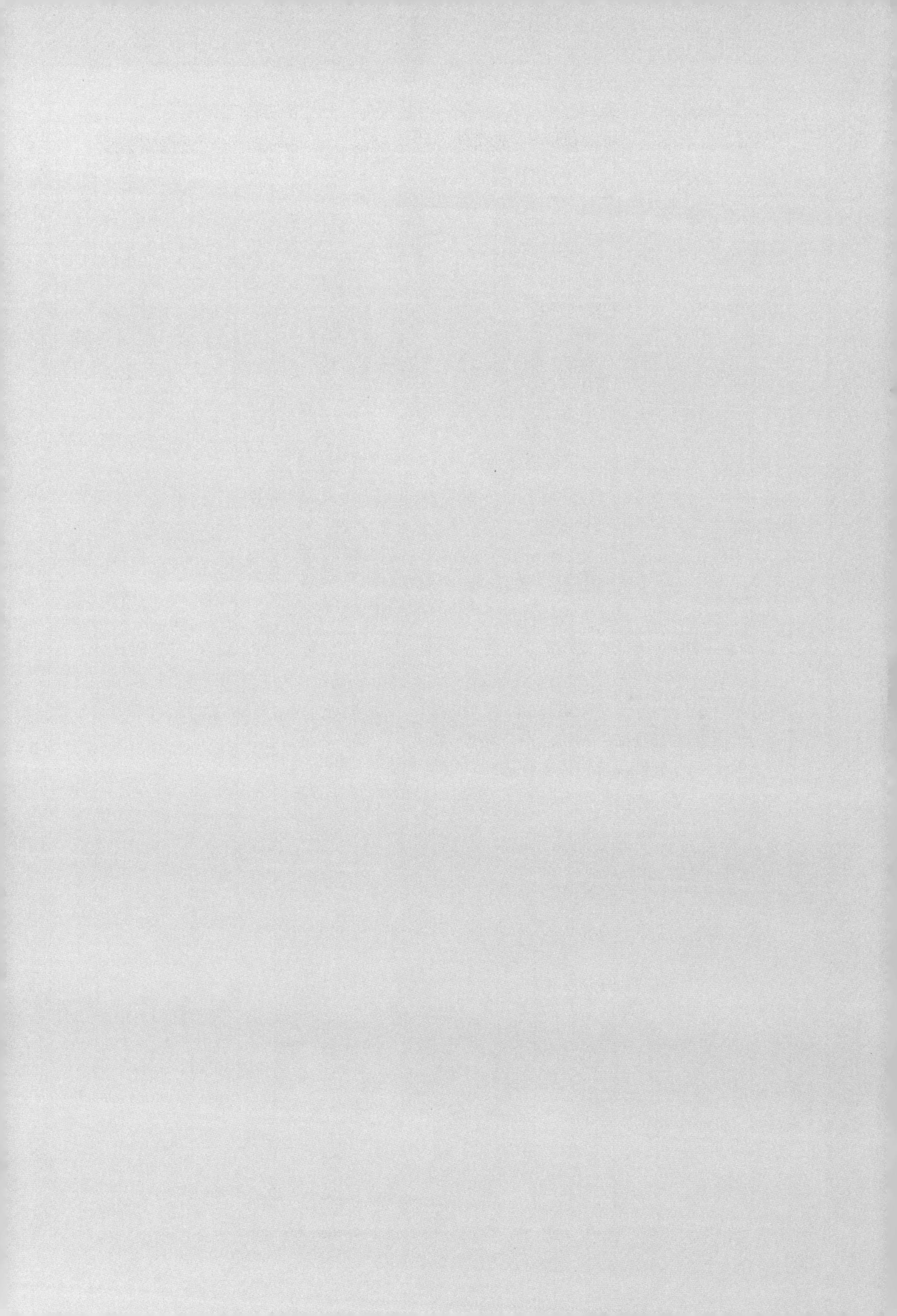